CW01649339

EFFEKTIV STRESSHANTERING

På en timme

DAN HASSON

FORUM

Tidigare utgivning

Stressa rätt – öka din energi, hälsa och effektivitet

Till Daniel & Sophia

Bokförlaget Forum, Box 3159, 103 63 Stockholm
www.forum.se

Copyright © Dan Hasson 2012

Omslag Hummingbirds
Tryckt 2012 hos UAB PRINT-IT, Litauen
ISBN 978-91-37-13943-2

INNEHÅLL

Inledning

”Det är inte stressen som dödar oss utan hur vi reagerar på den. Att inta rätt förhållningssätt kan omvandla negativ stress till något positivt.”
Hans Selye

En filosofiprofessor stod tyst inför ett fullsatt auditorium. Framför sig hade han ett bord med en kartong på. När det var knäpptyst inledde professorn sin föreläsning genom att plocka fram en stor, tom glasburk ur kartongen. Han vred av locket och fyllde den med golfbollar.

– Är glasburken full? frågade han.

– Ja, svarade publiken enigt.

Då tog professorn fram en påse med kulor ur kartongen och hällde också dem i burken, skakade lätt på burken och fyllde på tills det inte gick ner fler kulor.

– Är glasburken full nu då? frågade professorn igen.

– Ja, svarade publiken återigen enigt och nickade.

Då tog professorn fram en påse sand ur kartongen och

hällde den i burken, skakade lätt på burken och fyllde på tills det inte gick ner mer sand. Burken var till synes full och han frågade:

– Är glasburken full nu då?

Publiken skrattade och nickade och svarade enhälligt:

– JA!

Professorn tog då fram en stor flaska öl ur kartongen och hällde hela innehållet i glasburken så att allt det kvarvarande tomrummet mellan sandkornen fylldes ut. Publiken skrattade, applåderade och jublade. När skrattet lagt sig sa professorn:

– Föreställ dig att den här glasburken representerar ditt liv. Golfbollarna utgör alla de viktigaste sakerna: din familj, dina barn, din hälsa, dina vänner, dina passioner och favoritsysselsättningar. Om du skulle förlora allt annat, men fortfarande ha "golfbollarna" kvar skulle ditt liv ändå kännas meningsfullt och fullständigt. Kulorna symboliserar annat som är betydelsefullt för dig, som ditt arbete, ditt hus, din bil och andra materiella saker. Sanden är resten, alla småsaker som du fyller ditt liv och din tid med. Om du först häller ner sanden i glasburken finns det inte plats för vare sig golfbollar eller kulor. Detsamma gäller i livet – om man lägger all sin tid och energi på småsaker kommer man inte att ha tid över för det viktigaste och det som betyder mest

för en och gör att livet känns meningsfullt. Sensmoralen är att man ska ta hand om det viktigaste först. Notera vad som är avgörande för din lycka och ditt välbefinnande. Min uppmaning till dig är att ta dig tid med familjen, lek med barnen, motionera, ät gott, rå om dig själv och din hälsa och njut av arbetet, fritiden och livet. Passa på att njuta av det som verkligen betyder något; resten är bara sand! Det kommer alltid att finnas tid över till att städa huset och kasta soporna. Men om du fokuserar på det kommer du aldrig att hinna med det viktiga i livet.

En av åhörarna sträckte då upp handen och frågade vad ölet representerade.

Filosofiprofessorn log och sa:

– Jag är glad att du ställde den frågan. Det visar bara att hur hektiskt ditt liv än må vara så finns det alltid plats för en öl!

Alltför många människor njuter inte av livet i fulla drag. Vardagens slentrian, rutiner och vanor ersätter inspiration, nyfikenhet och passion. Hot, besvär och problem ersätter glädje, lycka och sinnesfrid. Stressen har blivit en trogen kompanjon i såväl dagstidningarna som i det övriga livet för många. Vi tror, utan att säkert veta, att vi är mer stressade idag än någonsin. Myter om stress och hälsa blandas samman med fakta, som i sin tur förädlas och utvecklas med tiden och modet. Det leder till nya "sanningar", medan de gamla glöms bort, avfärdas eller återupptäcks, och idag finns en omättlig mängd fack- och populärlitteratur om stress, hälsa, lycka och välbefinnande.

Med *Effektiv stresshantering* vill jag ge dig en mer balanserad syn på stress och därmed skapa förutsättningar för att du ska kunna bevara och utveckla din stresshanterings- och återhämtningsförmåga. Du får här nya förhållningssätt, en del teori och praktiska övningar. Därmed hoppas jag att du ska kunna få en mer ändamålsenlig användning och nytta av din stress – och på så sätt öka din livskvalitet, hälsa, energi och prestationsförmåga. För som du kommer att se är lagom och regelbunden stress varvad med återhämtning kanske en av de viktigaste resurserna för ett kvalitetsfyllt liv och god hälsa.

För att du ska ha maximal nytta av boken är det viktigt att genomföra övningarna. Du kan göra dem vid behov eller pröva dem när du läser.

Dan Hasson
Stockholm, september 2012

Vad är stress?

Ordet stress är en metafor som betyder olika saker för olika personer i olika sammanhang.

När jag började föreläsa om stress brukade jag be personerna i publiken att skriva ner fyra ord som de relaterade till begreppet "stress". Jag samlade ihop deras lappar och skrev ambitiöst upp alla ord på en tavla. Den fylldes av många olika ord. Flera personer hade givetvis relaterat till samma saker, som tidspress eller konflikter, men det fanns också en uppsjö av varierande begrepp som man kopplade till stress, som arbetsglädje, fest, offentliga framträdanden och barnuppfostran.

Också inom forskarvärlden har begreppet stress olika betydelser, även om det ofta handlar om att stress är en reaktion på eller konsekvens av en föränderlig miljö. Den anpassning som stress innebär resulterar i beteenden och fysiologiska reaktioner (exempelvis att hormoner frisätts, blodtrycket stiger och ämnesomsättningen ökar) som regleras och förmedlas via hjärnan. Dessa beteenden kan handla om vad som helst (att man springer till bussen, bråkar med sin partner, blir aggressiv eller dansar och hoppar av glädje) men bottnar i så kallade kamp-, flykt- eller "spela död"-reaktioner.

Det kanske viktigaste att känna till om stress är att hjärnan stressas av det okontrollerbara och av den oförutsägbara framtiden. Det sistnämnda kallas anticipatorisk stress och innebär att det som avgör hur stressad man blir är vad man tror ska hända i framtiden. Om man har negativa föreställningar om vad som ska ske blir man mer stressad och varvar upp mer än om man har positiva föreställningar. Det fina är att man kan arbeta med och ändra negativa förhållningssätt, tankar och förväntningar inför framtiden till mer positiva bilder. Det är precis det man ofta gör i framgångsrik stresshantering. Alla människor har föreställningar om framtiden och man kan inte säkert veta hur framtiden kommer att te sig. Av flera skäl, inte minst för hälsan och välbefinnandet, är det bättre att ha en optimistisk än en pessimistisk framtidssyn.

Träna stressmuskeln

Både understimulering och överstimulering utan tillräcklig återhämtning är nedbrytande för kroppen och psyket, precis som det är dåligt att träna för lite eller för mycket. På så vis påminner träning av stresståligheten om träning av musklerna. Stresstålighet kan vara bra för hälsan och välbefinnandet på flera sätt. Idag vet vi att det finns många fördelar med att regelbundet vara utsatt för stress, givetvis förutsatt att man får tillräckligt med återhämtning. Precis som när man tränar sina muskler behöver regelbunden "träning" av stressystemet åtföljas av återhämtningsperioder. Att träna för hårt och för mycket utan tilläcklig återhämtning eller att inte alls vara fysiskt aktiv gör att musklerna blir svagare.

Ett exempel på det är den understimulerade livssituation som många av våra äldre befinner sig i. Du kanske har någon far- eller morförälder som du frågat om du kan hälsa på om ett par dagar och fått till svar: "Det går inte, jag ska till banken nästa vecka." Och du säger: "Men det är ju nästa vecka! Då finns det ju inget hinder för att vi ses nu." Då möts du av: "Det går inte!" och du inser att det är lönlöst att försöka mer. Kanske blir du sårad och tror att han eller hon inte vill träffa dig. Men det behöver du inte bli.

Det som händer är att i övrigt inaktiva personer kanske varvar upp under en hel vecka inför ett bankbesök. Kanske är det så att de hänger på låset en kvart innan banken öppnar. Sedan går de in och gör sitt ärende och är helt utmattade i ett par dagar. Du själv kanske går till banken och läkaren på lunchen och på vägen tillbaka ringer du en vän och gör upp planerna för helgen. Om någon sedan frågar vad du gjort under dagen har du säkert glömt bort dessa saker, eller i vilket fall som helst inte tagit särskilt stor notis om dem. Tänk vilken regelbunden och lagom aktivitets- och stressnivå man behöver för att ha så hög livskvalitet att man knappt tar notis om ett bankbesök. Den insikten kanske gör att du mer kan uppskatta att du har ett aktivt liv och inse att det är väsentligt för att du ska kunna njuta av tillvaron. "Stressmuskeln" är livsviktig, och genom att träna och vila den regelbundet blir du starkare och klarar av att hantera stressande situationer på ett bättre sätt.

Lagom och regelbundna stressdoser stärker hälsan, immunsystemet och ökar välbefinnandet och livskvaliteten. Det stärker också människan som helhet, ökar prestationsförmågan och förlänger livet. Å andra sidan kan utdragen stress utan tillräcklig återhämtning eller traumatisk stress leda till fysiska sjukdomar som långvarig smärta, diabetes och infektioner och psykiska åkommor som depression, ångest och posttraumatiskt stressyndrom.

Sömnen betyder mycket för återhämtningen, men det är också viktigt att äta rätt, motionera och framförallt att kunna varva ner snabbt. Många personer är under långa perioder antingen övervarvade eller understimulerade trots att vi mår bäst av att ha balans i livet. Denna balans kan uppnås genom att man till exempel jobbar hårt ett par timmar, tar rast, reflekterar och sedan jobbar hårt igen. Man kan också variera belastningen över längre perioder, så att man jobbar hårt på ett projekt ett antal veckor eller månader för att sedan varva ner, minska på tempot, jobba lugnare och återhämta sig. På så vis ökar också förutsättningarna att prestera optimalt. Men viktigast är att man hushåller med kroppens energi på ett sådant sätt att det främjar hälsa och välbefinnande.

Stress – både positivt och negativt

Stressrelaterade sjukdomar (som depression, ångest, utmattningssyndrom, kroniskt trötthetssyndrom och långvarig smärta) utgör betydande problem för folkhälsan i västvärlden och förväntas dessutom bli allt vanligare under de kommande decennierna. Enligt

Världshälsoorganisationen (WHO) är psykisk ohälsa och stressrelaterade sjukdomar de ledande orsakerna till för tidig död i Europa. Många av de vanligaste sjukdomarna hos vuxna (till exempel hjärt-kärlsjukdomar, typ 2-diabetes, psykisk ohälsa och långvarig smärta) kan i 40–70 procent av fallen kopplas till långvarig stress i kombination med en ogynnsam och ohälsosam livsstil.

Utöver att stress gör att man inte är lika uppmärksam på kroppens symtom och signaler påverkas också livsstilen. Stress medför en ökad risk för olyckor i och utanför arbetet samt hälsovådliga beteenden som drogmissbruk, dåliga kostvanor och bristande fysisk aktivitet. Stressrelaterade besvär har också negativa konsekvenser ekonomiskt, de stör arbetslivet (exempelvis via minskad produktivitet, sjukskrivning och konflikter) och det privata livet samt kan öka risken för självmord.

Intressant nog verkar det vara så att de som utsätts för alltför mycket eller alltför lite stress har förkortad livslängd jämfört med personer som utsätts för mild stress. Det kan bero på att mild stress kan stimulera de olika uppbyggande och skyddande system som finns i kroppen för att hantera potentiellt svårare stressorer. Det här antyder att en måttlig mängd stress kan skydda och till och med stärka kroppen långsiktigt.

Mottagligheten för stressrelaterade sjukdomar kan kopplas till både genetiska faktorer och uppväxtmiljön. Det finns studier som antyder att barn som utsätts för mycket stress (exempelvis på grund av missbrukande föräldrar eller traumatiska händelser) kan bli känsligare för stress senare i livet och därmed också mer mottagliga för stressrelaterade sjukdomar. Samtidigt finns det annan forskning som tyder på att stressande händelser tidigare i livet (inte nödvändigtvis i barndomen) kan bidra till att man blir starkare och därmed har lättare att hantera och stå emot skadlig stress senare i livet. Om man hanterar svåra motgångar framgångsrikt idag ökar sannolikheten för att man kommer att kunna göra det i framtiden också. Svåra händelser som att en partner, vän, ett barn eller en förälder dör kan för vissa leda till ett livslångt lidande och därmed ökad sårbarhet för framtida stress. För andra kan det bli en inkörsport till personlig tillväxt och utveckling och därmed ge större motståndskraft mot framtida skadlig stress och på så sätt leda till ökad livsglädje.

Stress kan alltså vara livgivande men också skadlig för hälsan. I den här boken kommer jag att fokusera på vad du kan göra för att stressen ska vara livgivande. Det finns mycket du kan göra för att hantera stressen på ett effektivt sätt och göra den till en positiv del av ditt liv.

Den viktigaste stresshanteringsmetoden är att snabbt kunna varva ner. Här nedan får du därför lära dig avslappnande andningsövningar.

Stressor = Något som genererar en stressreaktion.

Effektiv avslappning

Andningen är det viktigaste verktyget för effektiv stresshantering. Redan efter tre till fyra djupa andetag aktiverar kroppen det så kallade parasympatiska nervsystemet som i sin tur får igång reparation och återhämtning. Här kommer några andningsövningar i fickformat som kan ge omedelbar effekt när du snabbt vill varva ner och slappna av, om du till exempel får några minuter över på bussen. Testa dem gärna.

- *Andningsövning 1* Dra in ett riktigt djupt andetag genom näsan och håll andan så länge du kan. Släpp ut luften fort genom munnen, ungefär som om du skulle sticka hål på en ballong. Upprepa samma sak ett par gånger med en liten paus emellan.

- *Andningsövning 2* Andas in genom nä
tidigt som du räknar till fem. Andas
munnen eller näsan samtidigt som du
tio. Räkna till två innan du drar in ny luft igen.
Repetera så många gånger du önskar.
- *Andningsövning 3* Dra in magen och håll den stilla. Andas några gånger genom näsan, men håll magen stilla hela tiden. Släpp ut magen samtidigt som du andas ut genom munnen och slappnar av.
- *Andningsövning 4* Föreställ dig att du ligger på en strand. Det är precis lagom varmt. Lyssna till vågornas slag mot stranden. Låt din andning följa vågornas rytm.

Målprogrammering

En av de i särklass viktigaste metoderna inom effektiv stresshantering är att sätta mål, det vill säga att ta reda på vad man vill och målmedvetet sträva efter att uppnå det. Det kan exempelvis handla om vilket slags liv man vill leva eller om att ändra något (destruktivt) beteende så att det blir mer ändamålsenligt. Varje förändring har sina motiv, men ett övergripande syfte är att man ska få ut minst lika mycket, och helst mer, av sin energi.

Om du exempelvis vill bli mer produktiv på arbetet hjälper det inte alltid att investera mer tid och energi. Dessutom kan det bli på bekostnad av något annat, som familj, träning och vänner, vilket gör att energin ganska snabbt tar slut. Snarare bör man försöka arbeta mer effektivt, genom att lära sig att prioritera mer ändamålsenligt, delegera där det går och kanske fördela arbetstiden på ett bättre sätt. Det är mer troligt att effektiviteten och produktiviteten ökar då och att du får mer tid och energi över till annat. En förändring ska bidra till att du långsiktigt bevarar och gärna ökar den energi du har, men definitivt inte minskar den. Det är bra att ha denna tanke i bakhuvudet när du vill göra en förändring.

Allt man gör (beteende) har en bakomliggande orsak. Det finns alltid ett motiv (intention) bakom ett beteende även om man inte med säkerhet känner till det (självinsikt). Du kan få reda på intentionen genom att fråga: Vad får jag ut av mitt sätt att hantera saker på? (Ange beteendet, till exempel att vara irriterad i en viss situation.) En förutsättning för att nå insikter med hjälp av sådana frågor är att man är så ärlig och objektiv eller icke-värderande som möjligt när man svarar. På det viset får man reda på målet (vad man vill) och vägen dit (hur man tar sig dit eller vad man gör för att uppnå det).

Måltestningsfrågor

Testa ditt mål för att vara säker på att det är något du verkligen vill nå innan du genomför en så kallad målprogrammering (det vill säga processen att sätta mål). Fråga dig: *Om jag uppnådde målet, på vilket sätt skulle mitt liv bli bättre?* Eller: *Vad skulle det tillföra mitt liv om jag uppnådde målet?* När du har svarat på frågan om vad det skulle tillföra ditt liv eller hur ditt liv skulle bli bättre kan du ställa samma frågor igen tills du inte kan svara mer. Då har du möjligen funnit ditt mål. Till exempel: *Jag skulle bli gladare. Om du blev gladare, vad skulle det tillföra ditt liv? Då skulle jag kunna slappna av mer och kunna njuta av livet. Vad skulle det tillföra ditt liv?* Och så vidare.

Genomför sedan en målprogrammering på slutresultatet. Måltestningsfrågorna som ingår i den hjälper dig att bedöma och värdera ditt mål och tydliggör i bästa fall hur du ska nå det. Om det är något abstrakt som lycka eller harmoni som du vill uppnå kan du uppskatta var du befinner dig på en lyckoskala mellan 0 och 10 (där 0 är inget alls och 10 är maximalt) för att sedan skatta var du skulle vilja befinna dig och när.

Ju tydligare ett mål är, desto lättare är det att uppnå. Börja med att formulera *vad* du vill och var så konkret som möjligt. Det kan under målprogrammeringens gång hända att du upptäcker att det inte var ett korrekt mål du satte upp, att du egentligen ville något annat. Det kan också vara så att det inte är ett mål utan ett *önskemål* det handlar om. Mål är något du bestämt dig för att uppnå och det finns en genuin vilja bakom. Du är redo att systematiskt arbeta för att uppnå dina mål. Önskemål är ofta en diffus dröm som du egentligen inte vill investera vare sig tid, energi eller pengar i för att förverkliga. Till exempel: Jag vill kunna spela piano som en konsertpianist. Mål ger energi och önskemål kostar energi. Det kan vara bra att ge de riktiga målen företräde och nedprioritera diffusa önskemål, eftersom de konsumerar relativt mycket energi.

När man definierat, konkretiserat och testat målet är det dags att handla. Målet ska förverkligas vilket kräver en större eller mindre insats. Det är nu viktigt att du noterar vilka konsekvenser målet kan få eller får, såväl positiva som eventuellt mindre önskvärda. Notera att målet är dynamiskt och kan justeras på vägen för att du ska uppnå optimalt resultat. När du börjar med målprogrammering bör du komma ihåg följande: Mål påverkar ditt liv! De är mycket kraftfulla och kan göra lika mycket skada som nytta om de används på ett felaktigt sätt. Om du till exempel är säker på att du kommer att misslyckas med något är det sannolikt att just detta sker.

Det är väsentligt att tänka på följande saker när man sätter mål:

Målet ska vara konkret, exakt och positivt

- Ett mål ska fokusera på ett bestämt, specifikt och mätbart resultat. Fråga: Vad vill du uppnå?
- Mål ska alltid formuleras med fokus på *positiva* resultat. Vad man vill, snarare än vad man *inte* vill uppnå. Ordet "inte" är bannlyst när man sätter mål. Det är nämligen rätt vanligt att man vill bli av med olika problem, istället för att fokusera på det man vill uppnå.
- Mål ska vara positiva såväl för en själv som för personer i ens omgivning som påverkas av målet.

När och var

- Det är väsentligt att målen begränsas med ett tidsperspektiv, gärna *väldigt* specifikt. Fundera även över om det finns en specifik plats där målet ska vara uppfyllt. Fråga: *När* ska målet vara uppnått? *Var* ska du uppnå målet?

Målkriterier – ett av målprogrammeringens viktigaste steg

- Specificera målkriterier. Vilka *yttre* specifika kriterier har du på att målet uppnåtts? Vilka *inre* kriterier har du på att målet är uppnått. Vad ser, hör och känner du? Vilka lukter och smaker kan du förnimma? Låt denna "målbild" bli så tydlig och verklig som möjligt. Fråga: *Hur vet du att du uppnått målet? Hur vet någon annan att du uppnått målet? Vad blir annorlunda när målet är uppnått?* Lista *specifika* kriterier.

Några "checkfrågor"

- Gäller målet dig själv och är det ditt eget mål? Det är rätt vanligt att man önskar att en annan person ska förändra sig, till exempel sluta röka eller bli mer avslappnad i vardagen. Även om detta är ett möjligt mål är det bättre att koppla sina mål till sig själv.
- Testa målet genom att fråga: Är detta något du verkligen önskar? Är det realistiskt? Tror du att det är möjligt? Kommer det att förändra dig och få dig att växa?
- Hur kommer målet att påverka din omgivning (hälsa, familj, arbete, vänner och fritid)?
- Finns det några nackdelar med att du uppnår målet?

Vad är det värsta som kan hända om du uppnår målet? Vad är det värsta som kan hända om du *inte* uppnår målet?

Hur du förhåller dig till dina mål är minst lika viktigt som att du strävar efter att uppnå dem och att du genomför hela processen med målprogrammering. Enligt min mening är det bra att ha högt ställda mål och det är viktigt att belöna sig själv och vara nöjd för varje framgång, hur liten eller stor den än må vara. Det är också väsentligt att göra sitt yttersta för att uppnå målet, vilket ibland kan vara att inte göra någonting alls (om man exempelvis behöver träna på att slappna av och varva ner). Bakslag och motgångar är något man kan lära sig av och som kan bidra till att man utvecklas som människa.

Man kanske satte som mål att vara klar med en arbetsuppgift på fredagen, men blev klar på tisdagen efter – då ska man vara glad för det. Om man inte hade satt något mål (eller satt det till tisdagen) kanske man inte hade blivit klar förrän några dagar senare. Bara det faktum att man sätter ett mål är en framgång i sig.

Nu när du vet mer om hur du ska göra för att sätta dina mål ska vi titta på hur du kan förebygga skadlig stress.

Stärk dina skyddsfaktorer

Det finns många olika sätt att hantera stress och flera saker skyddar mot skadlig stress. Nedan kommer jag att ta upp några lättillgängliga och vardagsnära skyddsfaktorer som inte bara kan motverka skadlig stress utan även öka livskvalitet, hälsa och välbefinnande. Vi börjar med kosten.

Kosten

Utvilade personer som äter bra är mer stresståliga och deras kroppar hanterar stress bättre än personer med sämre kondition och sämre kostvanor. När man är stressad blir kosten ofta bortprioriterad. I en stressfylld och påfrestande tillvaro förbrukar kroppen dessutom mer av vissa vitaminer och mineraler. Även om många får i sig vad de behöver genom en varierad kost, kan det för att man ska klara av särskilt svåra perioder ibland vara en fördel att tillföra olika vitaminer och mineraler, exempelvis via kosttillskott. Ur stressperspektiv är det särskilt viktigt att du får i dig tillräckligt av magnesium, kalcium, zink och selen samt B-, C- och E-vitaminer. Dessa ämnen kan på olika sätt motverka stressrelaterade skador på kroppen.

Ett balanserat intag betyder vanligtvis att man äter regelbundet och får i sig tillräckligt med näringsämnen via mat och dryck. I stressade situationer är det vanligt att man endera äter för mycket, för lite eller oregelbundet. Detta beror på flera saker, bland annat att hunger- och törstsignaler minskar eller försvinner vid stress, vilket gör att man kan ”glömma” att äta och dricka i perioder. Dessutom gör svängningar i blodsockret att man efter den energikrävande ”akuta” stressen instinktivt drivs mot att äta socker- och fettrik mat. Ofta kombineras detta med att man äter snabbt, vilket innebär att man hinner äta mer än man behöver innan man börjar känna sig mätt.

Vid särskilt svåra perioder i livet är det därför extra viktigt att du fokuserar på att äta regelbundet, att du varierar intaget och tar dig tid att äta i lugn och ro. Försök efter bästa förmåga variera kosten och om det behövs tillföra extra vitaminer och mineraler. Sätt av tid för att äta. Hur lite tid du än har är det väsentligt att du äter i lugn och ro och fokuserar på att njuta av maten.

Fysisk aktivitet och motion

Regelbunden och måttlig mängd fysisk aktivitet och motion har flera fördelaktiga effekter på hälsa och välbefinnande. Fysisk aktivitet kan omfatta allt från promenader till intensiv träning. Oavsett vilket får man ut flera positiva effekter, både fysiologiskt och psykologiskt. Till exempel ökar välbefinnandet och återhämtningsförmågan förbättras. Dessutom stärker fysisk aktivitet på sikt hjärta, kärl och immunförsvar, förbättrar ämnesomsättningen samt ökar energi, styrka och uthållighet. Fysisk aktivitet främjar därför hälsan och är en viktig buffert mot ohälsosam stress. Men det förutsätter att den fysiska aktiviteten är måttlig eftersom för stor mängd eller för hög intensitet kan bryta ner muskler, slita på kroppen och försvaga immunförsvaret.

Regelbunden och måttlig fysisk aktivitet är alltså ett viktigt skydd mot skadlig stress och ökar stresstáligheten. Men många personer har arbeten som är stressande samtidigt som de är stillasittande – man sitter kanske framför en dator eller runt ett mötesbord en hel dag. Även om man är mycket stressad i dessa situationer är det sällan man får utlopp för den fysiska energi som stressen bidrar till att bygga upp. När man inte får det kan det leda till att man, trots att man varit fysiskt "inaktiv" hela dagen kan komma hem och vara helt slutkörd. Man vill inget hellre än att bara slänga sig i soffan.

Men varför blir man så slutkörd trots att man inte varit fysiskt aktiv? Och vad ska man göra åt det? Ska man lägga sig i soffan?

När man är stressad ackumulerar man en stor mängd energi för en eventuellt fysiskt påfrestande handling. På så vis bidrar fysisk aktivitet efter en stressande (men fysiskt inaktiv) dag till att man gör sig av med den överskottsenergi man ackumulerat. Stressreaktionen gör också att blodsockret stiger och när stressen avtar sjunker det igen. Det gör att man blir hungrig (och ofta sugen på socker- och fettrik mat) och trött. Fysisk aktivitet motverkar också blodsockersvackan som kan bidra till att man känner sig trött. Så svaret är alltså att istället för att lägga dig i soffan kan det vara bra att du drar på dig joggingskorna. Men det behöver inte heller vara så omständligt – det kan räcka med att du går av ett par busstationer tidigare än du brukar och raskt promenerar hem i 15–20 minuter.

Fysisk aktivitet ska stärka, ge energi och öka välbefinnandet. Det är inte helt ovanligt att de som är överbelastade också vill motionera för att de vet att det är bra. Problemet är bara att de redan har för mycket att göra. I sådana situationer kan den fysiska aktiviteten utgöra ytterligare en belastning – och då kan det vara viktigare att kanske gå hem tidigare för att sova ut och vila än att ytterligare öka slitaget på kroppen. Om den fysiska aktiviteten sliter ut mer än den bygger upp bör man tänka om. Ett alternativ för att bevara den viktiga fysiska aktiviteten är att man prioriterar om i schemat så att något annat får utgå till förmån för träningen. På så vis kan man åtnjuta de välgörande effekterna av att röra på sig och samtidigt kanske också bli av med ett besvärande och mindre viktigt moment.

Kultur

Det har visat sig att kultur är en bra buffert mot skadlig stress som dessutom förlänger livet och ökar livskvaliteten. Många vetenskapliga studier visar på hälsosamma effekter av kulturella aktiviteter.

Kultur kan handla om ett passivt deltagande (att man lyssnar och betraktar). Det kan röra sig om allt från sportevenemang, bio, konserter, teater till att titta på tv (i så fall ett utvalt program och inte ”slötittande”) eller lyssna på en skiva.

Men det kan också handla om ett aktivt deltagande (att man själv är med och skapar). Man kan vara med i en kör, ett fotbollslag, en orkester, en krokigrupp, sitta för sig själv och spela piano eller vad det nu må vara. Deltagande i kulturella aktiviteter kan i vilket fall som helst göra att man klarar av att hantera stress på ett bättre sätt.

Socialt stöd

Människan är en social varelse med ett grundläggande behov av goda, starka och nära relationer av olika slag. Det räcker inte med att känna sig omtyckt, omhändertagen eller att man har vänner man kan förlita sig på när man behöver det. Den goda och sunda relationen är ömsesidigt givande, nära, omhändertagande och stödjande. Den bidrar till att man känner sig tryggare och kan hantera stress bättre. Dessutom kan den bidra till bättre fysisk och psykisk hälsa och ett längre liv.

Socialt stöd är ett av de viktigaste skydden och buffertarna mot skadlig stress. Många studier visar att socialt stöd är en kraftfull motvikt i påfrestande, stressande och traumatiska situationer. Det handlar både om det nära emotionella stödet och socialt stöd i vidare mening. Funktionen med det nära stödet har två sidor. Den som ger stöd känner att den är betydelsefull för någon annan och den som får stöd påminns om att någon bryr sig.

Sinne för humor

Man kan kanske fråga sig vad humor egentligen har med stress att göra. En hel del visar det sig. Stressreaktionen och humor, munterhet och skratt aktiverar nämligen samma biologiska system. Men hur kan det då komma sig att det verkar finnas en allmän uppfattning om att stress är skadlig och humor är bra för hälsan?

Som jag har nämnt tidigare uppkommer stressrelaterad sjukdom ofta som ett resultat av långvarig aktivering eller snedreglering av stressystemet utan tillräcklig återhämtning. En möjlig förklaring till att humor kan vara bättre för hälsan är att humor bidrar till en mer ändamålsenlig användning av stressystemet. Stressreaktionen är ju till för att skydda oss från hot mot vår överlevnad. En zebra som blir jagad av ett lejon uppbådar en enorm kraft för att fly. Om den inte blir uppäten lägger den sig ner och vilar, knaprar i sig några torra grässtrån och snart återgår zebrans biologiska balans till det normala. På samma sätt verkar det vara med skratt och humor, som i grunden härstammar från lek. Man kan i en lek fly, fäktas, brottas, spela död och vara uppvarvad, men när leken (liksom faran vid stress) är över kan man slappna av – och det gör man. På så vis används stressmuskeln optimalt. Dessutom släpper man rätt snart tankarna på leken och man vaknar inte mitt i natten och ältar en humoristisk upplevelse.

Det finns en hel del forskning om humor och hälsa, men få vetenskapligt visade slutsatser. Många påståenden, myter och anekdoter om humorns välgörande och livsförlängande effekter cirkulerar, och det behövs mer systematiska fynd för att kunna dra säkrare slutsatser. Att humor kan vara bra för vissa dimensioner av hälsa finns det helt klart stöd för. Humor har nämligen visat minst lika välgörande effekt som avslappningsövningar för att lindra smärta. Men humor och skratt (våldsamma skrattattacker) kan också vara skadliga för hälsan och trigga igång ett antal akuta sjukdomstillstånd som astma, hjärtinfarkt och hjärnskador. Allmän munterhet behöver inte vara skadlig i sig, även om det har visat sig att särskilt gladlynta personer utsätter sig för mer risker än mindre gladlynta (exempelvis röker de mer och dricker mer alkohol). Men faktum är att ett gott sinne för humor är en viktig buffert mot skadlig stress.

En sak som kan vara bra att veta om sinne för humor är att det generellt sett tenderar att minska med åldern. Det innebär att man behöver tänka på att utsätta sig för mer humor i takt med att man blir äldre.

Om man jämför humor med negativa eller neutrala känslor ger humor flera positiva effekter. Dessa positiva effekter bottnar i att man av humor och positiva känslor får större kognitiv (tankemässig) flexibilitet, vilket underlättar mer kreativ problemlösning (som är en avgörande del i den vardagliga stresshanteringen). Råttor hittar till exempel bättre i labyrinter om de är glada. Dessutom stimuleras inlärning genom att man får en effektivare organisering och integration av minnen. En optimal humornivå gör att man tänker och planerar mer effektivt och får en skarpare bedömningsförmåga.

Humor har även visat sig vara nära sammanbundet med högre nivåer av socialt ansvarstagande och så kallade prosociala beteenden som hjälpsamhet och generositet. Positiva känslor spelar också en stor roll för samspelet i personliga relationer. Humor har på så vis många viktiga ingredienser som underlättar framgångsrik stresshantering.

Det finns fyra ledande teorier om hur humor fungerar som en buffert mot stress och stärker hälsan och välbefinnandet. En av dem antar att skratt bidrar till välgörande effekter på hjärt-kärl-, immun-, endokrina- och nervsystemen. En annan utgår från att positiva känslomässiga tillstånd är smärtlindrande och har en immunsystemsstärkande effekt. En tredje teori antar att ett gott sinne för humor leder till *stressreduktion* genom bättre coping (gäller inte sarkastisk, cynisk, undvikande och förnekande humor). Humor antas motverka stressens potentiellt skadliga effekter genom att man bland annat får distans, lättare löser problem och kanske till och med kan skratta åt eländet. Den fjärde teorin inriktar sig på att det handlar om *socialt stöd*. Ett antal studier har funnit att individer med bättre sinne för humor ofta är mer socialt kompetenta och uppfattas som attraktiva, vilket kan bidra till större intimitet och potentiellt fler och mer tillfredsställande sociala relationer. Socialt stöd är i sig en kraftfull buffert mot skadlig stress och stärker hälsan.

Tips: Genom att aktivt och systematiskt försöka se det komiska och humoristiska i olika situationer kan du på sikt öka din munterhet. Du kan också öka ditt sinne för humor genom att utsätta dig för humor, exempelvis genom att umgås med roliga vänner, titta på komedier eller gå och titta på någon ståuppare. Framförallt, försök vara rolig själv – övning ger färdighet!

På nästa sida kommer en effektiv övning för att varva ner. Du kan anpassa den efter egna behov. Därefter kommer vi in på våra inbyggda stresshanteringsstrategier och hur du kan använda dig av dem.

Luftballongsövningen – effektiv övning för att varva ner

Den här övningen är strålande för att varva ner efter en besvärlig eller mycket händelserik arbetsdag eller innan man går och lägger sig. Det kanske är så att du vill bli av med gamla och besvärande känslor som rädslor, skuldkänslor, ånger eller bara stressande tankar och andra svårigheter. Övningen kan bidra till att du känner dig lättare till mods och kanske helt kan släppa eller väsentligen lätta på det som tynger dig.

1. Börja med att placera dig så bekvämt som möjligt. Du kan sitta, ligga eller stå beroende på vilket som känns bäst. Slut därefter ögonen, dra några djupa andetag och slappna av så mycket det går.
2. Tänk dig att du går på ett underbart fält, på en stor vacker äng. Det är en otroligt härlig dag. Du kan känna solen som skiner, och dess värme på din kropp. En mild bris i luften och träd som blommar. Se fåglarna som glider och flyger i vinden. När du sänker blicken noterar du att det i mitten av denna äng finns en stor röd luftballong. Den attraherar dig, den är intressant. Du går emot den och upptäcker att denna stora, vackra luftballong har en stor korg. Det är en sådan stor korg som man kan gå in i om man hade tänkt åka på en liten resa. I den här korgen kan du lägga alla skuldkänslor, stress, oro och allt annat som bekymrar och besvärar dig. Rakt in i den stora korgen som tillhör den här fantastiska röda luftballongen.
3. Du kan ta alla stressande känslor du har och bara fylla den där korgen, som om den vore en lagerlokal.

Fylla den med alla svårigheter, orosmoment och all stress. När du gör det känner du dig lättare och lättare och mer och mer behaglig till mods. Och mer och mer behaglig och bekväm. Ju mer du fyller korgen, desto lättare känner du dig och du kan fylla korgen med så mycket du vill.
4. Sedan ser du att den här stora röda luftballongen har sandsäckar som är fästa med kraftiga rep. Så du plockar upp den stora saxen, kniven, motorsågen eller vad du önskar och börjar klippa av repen. När du klipper av repen känns det som om du klipper av banden till stressen, svårigheterna och det som oroar dig. Du känner dig bättre och mer avlastad, och att du äntligen kan släppa taget. Det är en underbar känsla.
5. När alla banden är avklippta börjar den här stora röda luftballongen lyfta mot himlen. När den lyfter från marken känner du dig allt lättare och du släpper taget ännu mer och slappnar av ännu mer. Ballongen tar med sig stressen, oron och svårigheterna. Ju högre upp den stiger, desto mer avslappnad, frisk, lätt och positiv känner du dig.
6. När du tittar upp i himlen ser ballongen till slut ut som en liten röd prick på den stora blå himlen. Det känns underbart – fantastiskt. Du kan komma tillbaka till den här ängen när du vill, och den här stora fantastiska röda luftballongen. Den finns där för dig när du än behöver den. Njut bara, medan du lär dig hur du kan ta bättre hand om dig själv – kanske bättre än du någonsin trodde var möjligt.

Så stressar man rätt – copingstrategier

Coping handlar om förmågan att bemästra och hantera stress för att bevara och öka sitt psykiska och fysiska välbefinnande. Denna förmåga är delvis inbyggd men påverkas också av yttre händelser, inre upplevelser och tidigare erfarenheter. Coping består således av en rad (medvetna och omedvetna) strategier som man använder sig av för att hantera stress och kan innefatta en mängd olika tankar, känslor och handlingar. Ordet strategier antyder att det generellt sett inte handlar om en enstaka handling. Snarare är coping en *process* som består av en rad reaktioner och handlingar som aktiveras och upprepas för att hantera en eller flera nya, kontinuerliga, föränderliga eller övergående stressorer. Det som avgör copingprocessens förlopp är hur man upplever dessa stressorer.

Vissa av copingstrategierna används oftare än andra eftersom man i regel väljer de sätt man är van vid. Man väljer helt enkelt tillvägagångssätt vars konsekvenser man är mer bekant med och har erfarenhet av. Detta gäller oavsett om man är nöjd eller inte med resultatet av sin coping. Copingstrategier är nämligen inte alltid ändamålsenliga och kan då göra mer skada än nytta. Man kan inte säga att vissa former av coping alltid är dåliga och att andra är bra. Vissa copingstrategier som verkar ge god effekt på hälsan och välbefinnandet på kort sikt kan vara direkt skadliga på lång sikt. Andra strategier kan vara "besvärliga" på kort sikt men välgörande på längre sikt. Det är en finkänslig dynamik mellan en mängd olika faktorer som avgör om copingen blir ändamålsenlig och framgångsrik eller ej.

Generellt sett är de strategier som är positiva på lång sikt att föredra med tanke på deras gynnsamma effekter på hälsan och välbefinnandet. Oftast är dessa strategier dessutom också bra på kort sikt.

Hur ändamålsenliga och välgörande copingstrategierna är beror till stor del på tidigare livserfarenheter, vilket innebär att man genom inlärning alltid kan utveckla och förbättra sitt sätt att hantera stress.

Det finns flera omständigheter som påverkar vilken form av coping man använder sig av. Bland annat spelar personlighetsfaktorer (personliga egenskaper eller vanemässiga beteendemönster) in för hur sårbar man är för stressorer av olika slag. Exempel på psykologiska omständigheter, egenskaper och faktorer som studerats i forskningssammanhang och generellt sett reglerar coping- och stressreaktionen positivt respektive negativt är:

Positiva faktorer: Balanserad självkänsla och balanserat självförtroende, emotionell och social intelligens, extrovert (utåtriktad) läggning, flexibilitet – öppenhet för förändring och inlärning samt nyfikenhet, förmåga till förlåtande och empati, god problemlösningsförmåga, hopp, känsla av kontroll och (inre) lokalisering av kontroll, lojalitet och samvetsgrannhet, optimism och inlärd optimism, sinne för humor, socialt stöd, positiv och tillmötesgående attityd.

Negativa faktorer: Depression och psykisk ohälsa, fientligt och aggressivt beteende, introvert (inåtvänd) läggning, inlärd hjälplöshet eller hopplöshet, neurotiskt beteende, pessimism och inlärd pessimism, ältande, grubbel och bitterhet.

Andra saker som kan påverka hur väl man hanterar stress är socioekonomisk status, intelligens, utbildningsnivå, ekonomisk situation, civilstånd, ålder, kön och hälsotillstånd.

Passiv och aktiv coping

Förenklat väljer man mellan två primära strategier i samband med stress: *passiv* eller *aktiv* coping. Om man ska generalisera grovt kan man säga att de *passiva* copingstrategierna i allmänhet är sämre för hälsan och välbefinnandet och har negativa konsekvenser på lång sikt. *Aktiva* copingstrategier tenderar att ha mer fördelaktiga konsekvenser på lång sikt. Exempel på passiva copingstrategier är undvikande, prokrastinering (att man skjuter upp saker) och emotionell coping. Exempel på aktiv coping är intellektuell eller praktisk problemlösning samt så kallad primär-, sekundär- och tertiärprevention.

Undvik undvikande

Att *undvika* det som stressar är en vanlig passiv copingstrategi. På kort sikt kan ett undvikande beteende vara ändamålsenligt och fungera bra, men på längre sikt tenderar det att förvärra situationen och bli skadligt. Säg att man ska byta arbetsplats inom ett par veckor och besväras av en eller flera obehagliga individer på arbetsplatsen. Då kan det vara ändamålsenligt att ta semester eller på annat sätt undvika konfrontation med dessa oangenäma individer. Kortsiktigt kan detta fylla en stressreducerande funktion, men på längre sikt är det givetvis bättre att lära sig att konstruktivt hantera sitt förhållningssätt och sina känslor gentemot dessa individer.

Att man undviker något betyder också att man upplåter kontrollen av stressmomentet, och det som är okontrollerbart är i högsta grad stressande. Undvikande kan exempelvis innebära att man fokuserar på ett obehagligt problem utan att (man upplever att man kan) göra något åt det. Detta i sin tur kan medföra att man inte kan sluta att tänka på problemet. Det kan också innebära att man undviker vissa personer eller situationer. Ju mer man försöker undvika ett problem, desto mer fokuserar man på det och det blir värre och besvärligare än nödvändigt.

Hur ofta har du inte själv varit med om att du kommer hem efter en tuff arbetsdag eller en besvärlig konflikt och tänker: Nu ska jag absolut inte tänka på den här jobbiga arbetsdagen eller konflikten mer. Och vad händer då? Kanske använder du resten av kvällen till att grubbla på och älta problemet, och ju mer du försöker undvika att tänka på det, desto mer tänker du på det. Det beror på att hjärnan tänker i bilder och därmed inte förstår ordet *inte*. Kan du exempelvis rita en person som *inte* klappar en hund? Man har gjort vetenskapliga studier på detta och testat följande experiment som du själv kan testa nu:

Tänk *inte* på en vit isbjörn. Ansträng dig så gott det går för att *inte* tänka på en vit isbjörn.

Ju mer man försöker undvika att tänka på något, desto svårare blir det. Där fokus är hamnar man och eftersom hjärnan inte förstår ordet *inte* fokuserar man automatiskt på det som kommer efter *inte*.

Så om du vet vad du *inte* vill, dras du och dina tankar just dit. Hur många har inte varit med om att som barn bli tillsagd att *inte* hoppa i pölen, och vad är det man då gör? Problemet här är att det är djupt inrotat och inlärt i hjärnan att fokusera på det man inte vill. Biologiskt är det troligen en överlevnadsmekanism – hjärnan är konstruerad för att koncentrera sig på potentiella hot. Lägg till detta att man sedan barnsben ofta lär sig leta efter problem och fokusera på allt som är fel.

Detta blir särskilt påtagligt när jag arbetar med patienter. Jag inleder oftast med att fråga vad patienten skulle vilja få ut av de kommande mötena med mig. Jag brukar då få uppräknat för mig allt det patienten *inte* vill. ”Okej, säger jag då, men vad *vill* du uppnå?” Då får jag ofta samma saker uppräknade för mig igen. Ibland får jag upprepa och förtydliga frågan flera gånger innan jag vanligtvis bemöts av: ”Jag vet inte vad jag vill!” Men i enstaka fall säger patienten exempelvis: "Jag vill bli bättre på att hantera stress!" Eller: "Jag vill utveckla min förmåga att hantera konflikter!" Eller vad det nu kan vara. Om man inte vet vad man vill eller vart man ska så är risken stor att man får något annat (som man inte vill ha) eller hamnar någon annanstans.

Att veta vad man *inte* vill är som att skriva en inköpslista på allt man *inte* ska köpa när man går och handlar. Kan du ens föreställa dig att göra det?! "Idag ska jag *inte* köpa bröd, ris, tomater, tvättmedel, mjölk och tandborstar." Kan du tänka dig vilken enorm energi som helt i onödan skulle konsumeras inför varje besök i livsmedelsaffären? Ändå är det precis det man så ofta rutinmässigt gör – man tänker på vad man inte vill och låter det konsumera onödigt mycket energi.

Om undvikande kan man sammanfattningsvis säga att om man försöker undvika eller undertrycka stressande tankar tenderar de att få ett starkare grepp om en. Ju mer man försöker undvika dem, desto mer tid och energi tar de i anspråk. På så vis slår undvikande coping på sikt oftast tillbaka och leder till att stressen eskalerar och blir mer problematisk att hantera.

Lösningen är att fokusera på det man vill!

Vad ska man då göra istället? Närmast till hands ligger naturligtvis att fundera över vad man faktiskt vill och att sätta mål. Det finns flera strukturerade metoder för detta ändamål. Att sätta mål är en av de viktigaste ingredienserna i en långsiktigt framgångsrik och effektiv stresshantering.

Återgå till situationen där du kommer hem efter en tuff arbetsdag med ett besvärande problem. Hur ska du då tänka? Istället för att tänka på konflikten kan du tänka: Nu ska jag... njuta av att baka bullar, laga en god middag, ringa en god vän eller vad det nu kan vara. De som försökt sig på detta vet att det ibland kan räcka för att de ska kunna tänka på något annat. Men de har förmodligen noterat att de besvärande tankarna tenderar att komma tillbaka och störa med olika intervall. Då finns det två saker man kan göra: Det ena är att vänligt men bestämt avvisa den besvärliga tanken och tydligt påminna dig själv – *nu ska jag...* (vad det nu var du hade bestämt dig för att göra). Detta kan fungera ibland. Om det inte gör det kan man öka sina insatser genom att helt enkelt ge efter för tankarna och bestämma sig för att tänka på dem under en begränsad tid (exempelvis 15–20 minuter). Då är det bra om man är nyfiken och likt en detektiv undersöker tankarna. Exempel på frågor man kan ställa sig är: Vilka känslor och nya funderingar väcker de besvärande tankarna hos mig? Var i kroppen sitter obehaget? Hur kommer det sig att detta besvärar mig så mycket? Kan jag lära mig något av detta?

Svara så ärligt som möjligt på alla frågor. Det är viktigt att inte värdera informationen man tar in (som bra eller dålig) utan så objektivt som möjligt studera sina upplevelser på så många sätt man kan. Var förlåtande mot dig själv. Utgå från att det finns ett positivt syfte med de besvärande tankarna och att du kan lära dig något viktigt av dem. Om de besvärliga tankarna återkommer, var tacksam för att de påminner dig om hur du kan utvecklas som person.

Vad tror du händer om du ger dig hän åt de besvärande tankarna? De som testat vet att dramatiken försvinner eller minskar avsevärt. Men hur kommer det sig att det blir så? Jo, tankarna är som en stor ocean och de flesta som badat i havet och försökt kämpa emot och bemästra de höga vågorna vet att man inte har en chans – inte ens en tillstymmelse till chans. Havet (tankarna) kontrollerar dig helt och fullt! Men om du lär dig att förstå och utnyttja havets enorma kraft genom att lära dig surfa på vågorna då är det plötsligt ombytta roller: du kontrollerar det okontrollerbara havet (tankarna) och utnyttjar dess krafter till din fördel.

Som du kanske minns stressas hjärnan av det okontrollerbara och genom att börja tänka på de besvärliga tankarna tar du kontrollen och börjar göra dem mer kontrollerbara. Paradoxalt nog blir det alltså så att besvärliga tankar förlorar sin kraft när man vänskapligt omfamnar och undersöker dem. Varje negativ tanke utgör på så vis en möjlighet att utvecklas och växa som individ – en möjlighet att bli starkare, må bättre och njuta mer av livet. Om de negativa tankarna skulle komma tillbaka ännu en gång är det bara att undersöka dem igen med samma vänliga, undersökande och nyfikna attityd. Återigen är det då av största vikt att vara ärlig och ickevärderande gentemot den information som man får sig till skänks.

Tips: Ett enkelt sätt är att skriva ner sina tankar och upplevelser. Det kallas "expressive writing" och är ett effektivt sätt för att minska ångest och oro. Anledningen till att det fungerar bra är att upplevelsen blir mer avgränsad och känns därmed mer kontrollerbar. Det som känns kontrollerbart är i mindre grad stressande.

Hur man konkretiserar och får kontroll över abstrakta tankar

Det kan ofta vara så att besvärande känslor och tankar är diffusa och abstrakta (och därmed känns okontrollerbara). Det finns många olika sätt att få kontroll över dem, men grunden är att man behöver konkretisera tankarna och känslorna. Det kan man göra på olika sätt. Låt mig börja med ett mer generellt exempel.

De flesta har spelat fotboll och vet att något särskilt händer när man närmar sig motståndarlagets mål. Var brukar man skjuta bollen? Ofta på målvakten, på stolparna eller utanför, där man fokuserar på att *inte* skjuta bollen. Hjärnan har lättare att tänka på konkreta än på abstrakta saker. Målvakten och stolparna är i högsta grad konkreta. Det kanske är lätt att förstå att detta är ett besvärande problem inom fotbollen. Vad gör man då när man ska skjuta bollen in i ett abstrakt tomrum, som målets öppning faktiskt är? Tomhet är ju inte det minsta konkret. Jo, man gör det konkret! Man lägger helt enkelt bara in något, exempelvis imaginära siffror, i tomrummet. När man sedan närmar sig målet fokuserar man på den siffra som man ska skjuta bollen på.

Precis på samma sätt kan man göra om man känner en obehaglig känsla. Principen är att man gör om den till något konkret så att man kan hantera den. Det finns mängder med sätt att göra detta på och det är bara fantasin som sätter gränser. Föreställ dig exempelvis att du känner dig orolig eller på annat sätt besvärad över något. Det kan antingen handla om något du känner till orsaken till eller något som du inte direkt vet anledningen till.

Börja med att fundera på var i kroppen känslan sitter och hur det känns. Undersök vidare om känslan har någon specifik form, färg och om den är stor eller liten. Du kan också tilldela känslan olika färger, göra formen större eller mindre och experimentera med den på andra sätt om du önskar. Det kanske känns som en stor, svart, oregelbundet rund klump som sitter mitt i magen. Notera hur obehagligt det känns att ha den där. Använd nu fantasin och tänk dig att du på valfritt sätt plockar ut den svarta klumpen ur kroppen. Du kan exempelvis göra det via en magisk dammsugare, att den ploppar ut av sig själv eller att en osynlig magisk hand besvärsfritt plockar ut saken från din mage (om det nu är där obehaget sitter). Gör dig sedan av med obehaget. Placera det exempelvis i en imaginär fyrverkeripjäs eller raket och skjut den långt upp i rymden där obehaget får explodera och försvinna för alltid. Eller låt det explodera i himlen och regna ner som magiskt guldstoft som väcker kärlek hos alla som träffas av det. Notera hur det känns när detta är gjort – känns det bättre eller sämre?

Det kanske verkar flummigt att leka med fantasin på det här sättet, men tänk då på att hjärnan inte skiljer mellan fantasi och verklighet. Att använda sig av fantasier kan ge mycket goda resultat. Det finns många olika sätt att konkretisera abstrakta saker som är besvärande. Man kan prata om eller reflektera kring det besvärande och konkretisera specifika tankar, känslor och förnimmelser. När man kommit till *insikt* kan man fundera över hur man ska använda sig av den nyvunna kunskapen för att få ut mer av livet. Det vill säga hur man kan omvandla insikten till något som blir praktiskt användbart i det vardagliga livet. Insikter som inte omsätts i praktisk handling eller leder till nya tankemönster blir ofta kortlivade välbehag.

Gör inte imorgon det du kan göra idag

Skjuter du ofta upp saker? Går du ut med dina vänner när du vet att du borde göra något annat som att tvätta, städa, diska eller studera istället? Påbörjar eller slutför du ofta arbetsrelaterade uppdrag i sista sekunden? Är du ofta försenad till möten? Är du med andra ord en *prokrastinatör*? Såsom med mycket annat går det att finna komplicerade ord som beskriver enkla fenomen. En vanlig och ofta omedveten mental strategi som vi använder oss av för att hantera stress är att skjuta upp saker. Det handlar ofta om påbörjandet eller avslutandet av uppgifter. Att skjuta upp saker, fördröja något, eller *prokrastinera* (*pro* = framåt + *crastinus* = som hör morgondagen till) som det så fint heter, bidrar inte sällan till obehagskänslor, dåligt samvete och oro över den "försening" som uppstår. När man prokrastinerar förekommer ofta en tillfällig sinnesro då man vanligtvis fokuserar sin uppmärksamhet på något annat, som tv-tittande eller matlagning istället för något mindre lustbetonat som läxläsning. Forskare har funnit att 70–90 procent av högskolestuderande i västvärlden ägnar sig åt akademiskt relaterad prokrastinering, såsom att skjuta upp påbörjandet eller avslutandet av en uppsats eller tentamensinläsning.

En vän gav mig ett bra råd som förändrade hennes liv och bidrog till att hon fick dubbelt så mycket gjort. Hon sa: "Skjut aldrig upp något som tar mindre än två minuter att genomföra." Alla skjuter upp saker då och då och ibland är det nödvändigt eller fördelaktigt. Det finns dock personer som ständigt skjuter upp saker till sista sekunden, så kallade kroniska prokrastinatörer. Intressant nog kan vissa personer få en rusliknande kick när de prokrastinerar och mot alla odds klarar uppgiften ändå. De kallas *rush-procrastinators*, och de ingår i gruppen kroniska prokrastinatörer. Det som bland annat kännetecknar de kroniska prokrastinatörerna är att de vanligtvis gör saker i sista sekunden, ofta är försenade och att de är tidsoptimister. Dessa egenskaper orsakar ofta besvär, framförallt i situationer där andra personer berörs av konsekvenserna.

De flesta som har arbetat i grupp känner igen att det finns vissa som utför sina uppgifter i god tid och andra som sparar sin del in i det sista. De andra i gruppen väntar besvärade på den sista delen som ska fullända det verk man bygger på. I många fall leder detta till att någon i gruppen tar på sig att färdigställa prokrastinatörens del för att få sinnesro. Exempel på konsekvenser av kronisk prokrastinering är konflikter, att personer blir sårade, oroliga och besvärade. Det är vanligt att man förlorar tilliten till en prokrastinatör vilket kan skapa samarbetssvårigheter och relationsproblem. I och med att en prokrastinatör genom sitt beteende skapar otrygghet hos andra konsumeras mycket energi hos prokrastinatören själv men framförallt hos dem som drabbas.

I vissa fall kan det finnas fördelar med att skjuta upp något som man inte är helt motiverad att göra på en gång. Det kan till exempel vara så att du presterar bättre om du vilar en stund eller sparar uppgiften till en dag då du har mer sinnesro.

Men vad kan man då göra om man är en kronisk prokrastinatör? Här kommer några handfasta råd som man vanligtvis brukar jobba med när man söker hjälp för detta problem. Dessa råd gäller för såväl prokrastinatören själv som för dem som samarbetar med en prokrastinatör.

Tidsplanering

Som jag har nämnt tidigare är det viktigt för en prokrastinatör eller dem som samarbetar med en att kunna få pålitliga och realistiska tidsuppskattningar. Det finns kurser i tidshantering och projektledning för detta ändamål. Man lär sig hur man bättre kan planera och prioritera sin tid och sina aktiviteter, men också hur man kan bortprioritera mindre viktiga saker. I och med att den kroniske prokrastinatören vanligtvis är tidsoptimist kan det vara bra att lära sig att hantera tid. Om man vill få en realistisk tidsuppskattning av en prokrastinatör eller om han eller hon själv vill skapa en, är det bra att dela upp ett projekt eller tidsplanen i mindre delar eftersom prokrastinatören tenderar att skatta den totala tiden det tar att genomföra en uppgift. Om tiden beräknas för varje enskild detalj, om möjligt i femminutersintervall, brukar man få en mer realistisk tidsuppskattning.

Socialt stöd och uppmuntran

Om man vill hjälpa en person att ändra sitt beteende är det bra att regelbundet stödja och uppmuntra personen. Uppmuntran ska framförallt förekomma när personen lyckas eller är på rätt väg. Om prokrastinatören kommer in med uppgiften en dag i förväg eller kommer i tid till mötet är det bra att ärligt berömma: "Vad roligt att du kom i tid!" Låt fantasin flöda vid uppmuntran. Det viktigaste är att det är ärligt menat och kommer från hjärtat (så att det inte misstolkas som ironi). Det kan också vara fördelaktigt att ge visst stöd om personen verkligen försöker men ändå misslyckas.

Om du själv är en prokrastinatör är det minst lika viktigt, om inte ännu viktigare, att du uppmuntrar dig själv varje gång du lyckas med ditt nya beteende. Att berömma sig själv (för sig själv) kan i början kännas fånigt men är ett mycket effektivt sätt att både stärka självförtroende och uppnå framgång. Det är också viktigt för en prokrastinatör att söka sig till personer som är duktiga på att färdigställa uppgifter i god tid för att få goda förebilder. Prokrastinatören behöver ständigt uppmuntras att ta sig förbi nästan-klar-stadiet. Socialt stöd och uppmuntran är kraftfulla verktyg vid all typ av personlig förändring.

Konsten att organisera

Att lära sig att bli mer välorganiserad är en viktig del i behandlingen av en prokrastinatör. Ta därför reda på vilka "ingredienser" som är nödvändiga för att optimera tiden vid ett specifikt projekt. Att lära sig prioritering är A och O.

Det är bra med fysiska påminnelser, som kom-ihåg-lappar eller att man sätter mobiltelefonen på ringning. Dessa påminnelser bör placeras på så tydliga platser att man garanterat inte missar dem. Andra aspekter som kan hjälpa en prokrastinatör är miljömässiga. Att till exempel eliminera ljud, tv och andra distraherande saker kan förenkla framgång. Det är vanligt att kroniska prokrastinatörer blir av med saker. Att "var sak har sin plats" stärker således den organisatoriska förmågan, och en strukturerad miljö har en positiv effekt på prokrastinatören.

Konsekvenser

En kronisk prokrastinatör behöver lära sig att hans eller hennes handlingar medför negativa konsekvenser. Det är alltför vanligt att prokrastinatörernas ursäkter godtas av andra. Trots allt är det så att alla varit med om att missa en deadline och många ursäkter verkar rimliga. Problemet är att prokrastinatörerna vänjer sig vid att andra betalar priset för deras misstag och att deras ursäkter accepteras. De lär sig därmed inte heller att det är oansvarigt att inte möta en deadline. Kom ihåg att betona att det inte är något fel på personen utan att felet ligger i att uppgiften inte slutförts i tid.

Självbelöning

Det är mycket viktigt med belöning när man når olika mål. Spara inte på belöning. Belöning kan handla om beröm eller självberöm: "Det här gjorde du (eller jag) bra." Du kan också sätta av en summa pengar när du gjort något bra och senare spendera den på något du länge önskat dig. Låt även i detta fall fantasin flöda. För att underlätta kan du vid tillfälle skriva en lista på hundra sätt som du kan belöna dig själv på och hundra sätt du kan belöna andra på.

Motivation

Tänk efter i vilka situationer du är riktigt motiverad. Om du jämför en sådan situation med en situation där du skjuter upp något kan du säkert märka flera uppenbara skillnader. Vanligtvis är motivation kopplad till positiva känslor – glädje är en viktig motivator. Konsten är att applicera de strategier man använder sig av när man är motiverad på situationer där man skjuter upp saker. Man kan exempelvis fokusera på den härliga känslan av ett nystädat hus snarare än det besvär det innebär att städa. Att kombinera två uppgifter kan också vara en motivator. Till exempel att reflektera över något medan man diskar eller dylikt. Det kan vara en fördel att be en psykolog eller mentor om hjälp när man vill jobba med sina motivationsstrategier. Det finns många fler sätt att hantera prokrastinering på även om ovan nämnda är rätt vanliga. Sammanfattningsvis kan man säga att om du gör idag det du kan göra imorgon kanske du gagnar din och andras hälsa och välbefinnande och skapar verkliga förutsättningar för goda relationer. Men om du istället känner att du sällan kan skjuta upp saker kan det vara bra att lära dig att prokrastinera ibland.

Emotionell coping

Emotionell coping eller emotionsfokuserad coping handlar om strategier för att hantera de känslor som uppkommer i samband med stressande situationer. I sin vanligaste, passiva form, har man oftast svårt att kontrollera sina känslor (exempelvis hjälplöshet, offermentalitet och katastroftänkande) och styrs snarare av dem. På sikt får emotionell coping för det mesta således negativa konsekvenser. I sin mer aktiva form (exempelvis att försöka finna det positiva i en svår händelse) påminner emotionell coping om den mer konstruktiva intellektuella copingen (som presenteras i nästa avsnitt). I samma avsnitt beskriver jag därför också i vilka situationer som emotionell coping kan medföra positiva konsekvenser.

Ett tyvärr alltför vanligt exempel på situationer där emotionell coping ofta förekommer är långvariga misshandelsrelationer. Den misshandlade parten blir vanligtvis handlingsförlamad och passiviserad. Man lever under ett ständigt upplevt eller faktiskt hot och många gånger vet man att man borde lämna relationen. Man kanske har försökt tidigare men till vänners och anhörigas förtvivlan återgått till sin plågoande när denne förkrossad lovar bot och bättring. Man vill agera, men tycker att man är svag och orkar inte motivera sig. Istället för att tänka systematiskt och konstruktivt ägnar man större delen av tiden åt att oroa sig för olika hot. Man känner att man svikit sig själv, sina vänner och anhöriga, ja, alla. De starka skuldkänslor man har för att man inte agerar ökar stressen ytterligare och gör att man blir ännu mer passiviserad och har svårare att agera. Det blir en ond cirkel.

Generellt sett innebär alltså den emotionella copingen att fokus på en själv ökar och i takt med det även lidandet. Den ökade självcentreringen gör att man kan uppleva att man bokstavligt talat dränks i ett problem. Hela problemet känns som en stor, ohanterlig klump. Och det behöver inte alls handla om stora problem, även vardagligt trubbel kan upplevas på detta sätt. Negativa känslor och tankar förstärks och ökar kraftigt i takt med att fokus på den egna otillräckligheten ökar och hjälplösheten inför problemet växer. Man kanske tänker: Det går inte! Varför ska detta alltid hända mig? Vad ska jag göra? Dessa tankar gör att man ofta känner sig hjälplös, instängd, handlingsförlamad, nedstämd och förfärad – ett offer för tillvaron. Man ser sällan möjligheter att lösa problemet, och om man använder denna copingform ofta riskerar man att hamna i ett tillstånd som kallas inlärd hjälplöshet. Det är ett av de svåraste och mest stressande tillstånd som finns och orsakar i sina extrema former stort lidande.

Sara är en ambitiös person som lägger stor vikt vid att vara omtyckt och göra bra ifrån sig. Hon blir ofta sårad och tar lätt illa vid sig om hon uppfattar att någon inte gillar henne eller är besviken på henne. Det kan räcka med att hennes chef har bråttom eller verkar disträ för att hon ska tolka det som om hon har gjort något fel och att chefen är arg på henne. Genast börjar katastroftankar fylla hennes tillvaro. Hon blir nedstämd, får svårt att koncentrera sig och oroar sig för att förlora jobbet. Då börjar hon "överkompensera" och försöker vara snällare mot chefen, kanske jobbar hon över och arbetar allt hårdare för att få chefen på bättre humör. Kontrollen över hur hon mår är nu förlagd till chefens agerande. När chefen fortfarande verkar frånvarande efter några dagar börjar hon bli arg och bitter och tänker att hon vill byta jobb. Efter någon vecka får Sara reda på att chefen haft ett sjukt barn hemma och knappt sovit under föregående vecka. Då blir hon enormt lättad och besvärad av att hon haft en så överdriven reaktion när det inte ens hade med henne att göra. Men det hindrar inte att hon går igenom precis samma process några dagar senare när hon återigen missuppfattar chefens signaler.

Emotionell coping leder alltså ofta till ökat negativt självfokus, besvärande (katastrof)tankar, skuldkänslor över upplevd otillräcklighet och maktlöshet. Dessutom är det vanligt med önsketänkande, självförebråelser, distansering (att man försöker avleda sin uppmärksamhet till något annat) och isolering (att man undviker social kontakt). Man känner att man inte har kontroll utan kontrolleras av sina tankar och känslor. På så vis blir de egna känslorna och tankarna stressorer som ofta trappas upp och till slut kanske överskuggar det verkliga problemet. Konsekvensen blir oftast ett undvikande beteende, vilket på sikt som sagt brukar bli skadligt. Men alla använder sig mer eller mindre av emotionell coping.

Emotionell (passiv) coping mynnar ofta ut i att man söker stöd hos andra (trots att man försöker undvika social kontakt), men att man samtidigt är passiviserad eller handlingsförlamad och oengagerad (mentalt och beteendemässigt). Det är ganska lätt att förstå att man blir passiviserad eftersom stressande tankar och känslor upplevs som akuta hot. På så vis överskuggar de merparten av de aktiva strategierna som ofta innebär reflektion och aktion. Men den emotionella copingen kan också vara en normal första reaktion på ett stressande besked eller en stressor. Vanligtvis gör man senare en andra bedömning som kan medföra att man övergår till en mer konstruktiv och ändamålsenlig copingform, exempelvis intellektuell coping.

Intellektuell coping

Intellektuell coping eller problemfokuserad coping är en form av mer eller mindre ”strukturerad” intellektuell problemlösning och har vanligtvis positiva konsekvenser på lång sikt. Den intellektuella copingen är på många sätt motsatsen till emotionell coping och de flesta stressorerna framkallar både emotionell och intellektuell coping. Det är dessutom vanligt att man pendlar fram och tillbaka mellan de båda copingformerna.

Intellektuell coping är en form av aktiv coping som innebär beteenden, insatser och aktiviteter för att ändra, påverka, lösa eller förhålla sig annorlunda till en stressande situation. Således ägnar man sig bland annat åt att söka information samt att planera och agera. Det kan exempelvis innebära att man fragmenterar ett problem, det vill säga att man delar upp det i mindre delar och reflekterar över vad man kan påverka. Om vi tänker oss att problemet är en strulande skrivare börjar man systematiskt att undersöka vad som kan åtgärdas: Är elsladden i? Är skrivaren på? Finns det papper i? Kan jag ringa någon och be om hjälp? Vad händer (eller är det värsta som kan hända) om jag inte kan skriva ut detta nu? Kan jag mejla dokumentet till en vän eller kollega som kan skriva ut det? Och så vidare. Intellektuell coping kan också innebära att man försöker förhålla sig annorlunda till problemet och se det ur ett nytt perspektiv.

Intellektuell coping är ofta ändamålsenlig och leder vanligtvis till positiva konsekvenser. När coping genomförs framgångsrikt ökar förutsättningarna för att på ett bra sätt kunna hantera nya stressorer i framtiden. Att minnas tidigare framgångar i svåra situationer ökar möjligheterna och förhoppningarna om att effektivt kunna hantera pågående eller kommande stressorer. Till skillnad från (passiv) emotionell coping innebär intellektuell coping i regel att man på något sätt *agerar mer aktivt* på stressorer. Aktiv coping leder till att man väljer olika strategier och aktivt bestämmer när respektive strategi ska användas. När man har en strategi känns framtiden genast mer kontrollerbar och därmed mindre stressande. Kanske blir det så att man med positiv förväntan och intresse inväntar framtiden för att se om de valda strategierna fungerar som de ska. Eftersom aktiv coping vanligtvis är effektiv bjuder framtiden allt som oftast på de positiva framsteg man strävat efter.

Här intill kommer en övning som hjälper dig att prioritera, vilket är en av de mest centrala delarna i stresshantering.

Skrivbordsövningen

När man känner sig pressad av många uppgifter som ska göras vill många gärna göra allt på en gång – helst "igår". Vanligtvis slutar detta med att man känner skuld för det man inte hunnit göra eller att man inte gör något alls, och en ond cirkel är skapad.

Det finns flera sätt att komma till rätta med detta och två viktiga delar handlar om inställning och belöning. Inställning handlar om de krav du har på dina prestationer. Bestäm dig för att utföra en eller flera uppgifter en viss dag och om du lyckas utföra något utöver detta – ta det som en bonus.

När det gäller belöning är det viktigt att du regelbundet och efter varje avklarad uppgift belönar dig själv. Det kan handla om att tänka: Bra gjort! eller: Vad fint det blev! men också om att unna dig något extra eller kanske lägga undan lite pengar i byrålådan till en viss "pott" som du kan använda till vad du vill.

Det ska vara roligt att leva.

När saker då hopar sig och högen med ofullbordade uppgifter växer till en obehaglig börda kan följande övning underlätta.

1. Sitt, stå eller ligg ner bekvämt. Dra gärna 3–4 djupa andetag. Det går bra att skriva samtidigt som du utför denna övning om du så önskar.

2. Föreställ dig att du har ett skrivbord med tre lådor framför dig. På bordet har du massor med saker som måste göras.

3. Välj de saker som någon annan kan eller ska åtgärda eller som är någon annans problem och placera dem i den nedersta lådan.

4. I den mittersta lådan kan du placera de saker som du eller någon annan absolut inte kan åtgärda.

5. Slutligen kan du i den översta lådan lägga in alla saker du faktiskt kan göra något åt. Öppna den översta lådan på bordet och besluta dig för vilken del eller vilka delar du ska ta dig an först.

Tips! Bestäm dig för vad du vill göra, och vad du definitivt måste göra under en eller flera dagar. Lova dig själv att du garanterat kommer att göra en eller flera av ”måstena”, kanske genom att skriva ner dem, samt vad du möjligen kan utföra därutöver. Vad som än händer, se till att du utför måstena. Allt annat blir en bonus. Kom ihåg att belöna dig själv. Det kan vara bra att inte ha fler än tre måsten.

Den här övningen kan på sikt stärka ditt självförtroende och öka effektiviteten i ditt liv. Det räcker med att utföra skrivbordsövningen några gånger för att den så småningom ska börja aktiveras automatiskt vid behov. Utan att du behöver vara medveten om att det sker, blir du successivt bättre på att prioritera.

Emotionell coping används vanligtvis i situationer som upplevs okontrollerbara. Intellektuell coping används däremot ofta när man upplever att man i högre grad har kontroll, eller så medför det en ökad upplevelse av kontroll (eftersom man aktivt strävar efter att ta kontroll). Även i situationer som upplevs vara okontrollerbara kan det mycket väl finnas komponenter som i högsta grad är kontrollerbara. Om man exempelvis vårdar en dödligt sjuk nära anhörig kan man kanske inte förändra grundproblemet. Däremot har man möjlighet att påverka sitt förhållningssätt, sina känslor och handlingar. Man kan koncentrera sig på att så gott det går njuta av den tid man har kvar tillsammans och agera på ett sätt som gör att det blir en minnesvärd och betydelsefull period i livet. Genom att vara hjälpsam och kärleksfull ökar man förutsättningarna för gott humör och positiva känslor som gör att man kan dela något fint och meningsfullt även i livets slutskede. Att man varit aktiv och delaktig kan dessutom underlätta det kommande sorgearbetet och bidra till att man minns de fina och kanske också roliga och trevliga stunderna från såväl den sista tiden som tidigare i livet.

Eftersom den emotionella copingen tidigare har

fått sina negativa konsekvenser beskrivna är det inte mer än rätt att även de positiva lyfts fram. Särskilt i okontrollerbara situationer kan nämligen aktiv emotionell coping föra med sig många positiva konsekvenser på både kort och lång sikt. Aktiv emotionell coping innebär att man omvärderar en negativ upplevelse och fokuserar på hur händelsen kan omvandlas till en positiv erfarenhet. Det kan handla om att man (söker eller upptäcker möjligheter till eller faktiskt) upplever personlig utveckling. Det kan också innebära att man inser hur de egna ansträngningarna medfört positiva saker för andra personer man bryr sig om (exempelvis ens barn). Om man tar sig igenom en svår situation tillsammans med sina barn kan såväl barnen som man själv ha nytta av lärdomar man fått. Dessutom kan vetskapen om att man har klarat av en så svår situation vara en stor styrka i sig. Även om just den erfarenheten hade ett högt pris kanske man på sikt blev starkare av den. På så vis kan man till och med hjälpa och inspirera andra att komma ur liknande situationer. Man visar att det är möjligt.

Enligt viss forskning ökar aktiv emotionell coping (särskilt i okontrollerbara situationer) förekomsten av positiva känslor och välbefinnande. Dessutom blir vissa starkare och stresståligare av att ha klarat av en eller flera svåra stressorer.

Var flexibel!

Det finns studier som visar att personer som har gått igenom svåra livshändelser förändras på ett positivt sätt. Den positiva kraften kan då ha med tankemässig flexibilitet att göra. Det har nämligen visat sig att flexibilitet är en av den framgångsrika copingens viktigaste förutsättningar. Det är just flexibilitet som brukar minska i samband med akut stress eftersom hjärnan då föredrar intränat beteende framför nyskapande kreativitet. Ett positivt förhållningssätt underlättar markant förmågan att vara flexibel även i svåra situationer. Testa gärna övningen Resurskänslan på nästa sida.

surskänslan

Den här korta övningen syftar till att öka hjärnans flexibilitet. Hjärnan är ofta "programmerad" eller inställd på vissa beteendemönster i specifika situationer som byggs upp med åren och styrs av gener, miljö, erfarenheter, minnen, beslut och känslor. Genom att "leka" lite med dessa programmeringar kan du på ett mjukt sätt börja programmera in nya alternativ. Det kanske inte känns så märkvärdigt när man utför övningen, men den hjälper hjärnan att bli mer flexibel. Gör så här:

- Välj tre områden i ditt liv där du tar saker på för stort allvar. Vad skulle vara annorlunda om du såg på dessa områden med humor?
- Välj tre områden i ditt liv där du tänker och känner dig konservativ. Vad blir annorlunda när du ser på dessa områden med kreativitet eller i ett drömmande tillstånd?
- Välj tre områden i ditt liv där du vanligtvis känner ilska, frustration eller otålighet. Vad förändras när du utforskar situationerna med en känsla av kärlek (som riktas såväl mot dig själv som mot andra)?

Experimentera fritt med den här övningen. Välj olika situationer och olika sätt att se på dem med olika känslor som "filter". Om ni använder övningen i grupp eller i par kan ni exempelvis diskutera hur ni skulle reagera och agera i en viss situation som uppstått, men med andra mer resursfyllda känslor. Hur skulle ni bemöta ett hårt bakslag eller en konflikt om ni kände er kärleksfulla, lösningsfokuserade eller peppade?

Tänk positivt!

Hans Selye, en av stressforskningens frontfigurer, sa: ”Det är inte stressen som dödar oss utan hur vi reagerar på den. Att inta rätt förhållningssätt kan omvandla negativ stress till något positivt.” Det här avsnittet är således kanske det viktigaste i hela boken och om du väljer att minnas något, minns detta! Framgångsrik intellektuell coping handlar ofta om att ändra sitt förhållningssätt. Det fina är att oavsett hur fruktansvärt ens liv må vara finns det en sak som man alltid kan kontrollera (även om man inte alltid vet hur), och det är förhållningssättet. Man kan alltid ändra sitt förhållningssätt. Detta är en av grundkomponenterna i all framgångsrik och effektiv stresshantering.

Det finns mycket man inte kan kontrollera, men ett konstruktivt förhållningssätt kan påverka hela livet på ett positivt sätt och föra med sig flera goda konsekvenser. Det är inte helt ovanligt att jag möter och hjälper personer som mår väldigt dåligt. Det finns mycket i deras liv som de inte kan påverka. När de däremot lär sig att förhålla sig annorlunda till sin livssituation förändras deras tillvaro till det bättre. Visserligen lider de nog fortfarande, men lidandet minskar till förmån för mer positiva känslor som de dessutom kan dela med nära och kära. Precis som negativa känslor smittar så gör också positiva känslor det.

Och medan negativa känslor på sikt brukar öka distansen mellan olika personer, brukar positiva känslor medföra att man närmar sig varandra. Att kunna dela positiva känslor (som kärlek, glädje och omtanke) och handlingar i svåra situationer, är för de flesta något mycket betydelsefullt som man kan ha glädje och nytta av resten av sitt liv.

Alla former av kognitiv omstrukturering (det vill säga att omtolka eller omvärdera information eller förhålla sig annorlunda till den) behöver inte generera positiva känslor. Om man omvärderar något som är viktigt (kanske ett orealistiskt mål som att komma in på läkarutbildningen med låga gymnasiebetyg) så att det inte blir lika vikigt längre, kanske stressen minskar, men det behöver inte alls öka de positiva känslorna. Men att förhålla sig annorlunda till något kan i extrema fall innebära en så pass förvriden världsbild att *förnekelse* uppstår. Förnekelse kan yttra sig i att man vägrar att acceptera att något hänt eller låtsas eller beter sig som om det inte hänt. I en misshandelsrelation kan det innebära att man både tänker och säger att man har det ganska bra – och att andra har det värre. Man kanske till och med skuldbelägger sig själv (för att man sagt eller gjort något dumt) och rättfärdigar sin partners aggressiva beteende (med att det exempelvis var en tillfällig handling eller berodde på överkonsumtion av alkohol).

Att förneka förekomsten av ett problem eller något stressande kan på kort sikt vara en ändamålsenlig reaktion som kraftigt minskar stressen och därmed möjliggör en mer konstruktiv coping eller lösning på längre sikt. Man kanske bortförklarar en skamlig och destruktiv handling (som misshandel) med att man var tillfälligt sinnesförvirrad, berusad, hörde röster eller liknande. På så vis får man ett litet känslomässigt "andrum" genom att förlägga de obehagliga skamkänslorna till något som "uppenbart" låg bortom ens kontroll. Men om man efter en tid inte erkänner sin skuld och sitt faktiska ansvar för det inträffade och inser att det finns ett bakomliggande problem som man behöver ta itu med, ökar sannolikheten för att man upprepar de destruktiva handlingarna.

På längre sikt kan förnekelse av ett eller flera problem således få ödesdigra konsekvenser för såväl en själv som omgivningen. Förnekelse av problem kan i exempelvis relationer sluta i en mer eller mindre dramatisk, och av ena parten oförutsedd, separation. Separationer kan orsaka mycket lidande, särskilt om barn är inblandade.

Här följer två mycket användbara övningar som hjälper dig hantera negativa tankar och känslor. Därefter ska vi titta på den viktigaste källan till återhämtning – sömnen.

Känslosvalkaren

Känslosvalkaren är bra att ta till vid konflikter, kriser, när man känner rädsla, ilska eller står inför en situation som kan vara svåra att undvika. Det kan handla om att man tänker på dessa situationer mycket, eller att man rent av utsätts för dem på regelbunden basis. Känslosvalkaren kan fungera som en lemonad en varm sommardag. De första gångerna du utför övningen kan det vara bra om du sitter i en lugn miljö där du kan slappna av. När du är van vid att utföra den kan du även göra den på plats när obehaget inträffar.

1. Tänk på den situation som besvärar dig. Skapa gärna en konkret bild av situationen.
2. Hur obehaglig känns den på en skala från 0 till 100 (från mycket obehaglig till mycket behaglig)?
3. För nu in ljus över och i bilden. Låt bilden bli ljusare och ljusare. För in mer och mer ljus. För in så mycket ljus i bilden att den till slut blir helt vit.
4. Tänk nu åter på den situation som besvärade dig. Hur obehaglig känns den nu på en skala från 0 till 100 (från mycket obehaglig till mycket behaglig)?

Gör gärna om övningen flera gånger tills upplevelsen känns mer behaglig än obehaglig. Ibland känns det bra redan efter första gången, ibland kan man behöva utföra den flera gånger. Det kan vara svårt att skapa en konkret bild igen efter första eller andra gången. Det är bara bra. Ibland kanske bilden blir komisk eller förändras och en sur min kan bli en glad. Man kan också få befriande insikter genom denna enkla övning.

Tjugo-sekunder-vid-dörren-övningen

Ett ganska vanligt scenario är att man kommer hem och är sliten efter en lång och kanske händelserik arbetsdag. Många gånger vill man då ventilera sina tankar och känslor. Så när man kommer hem, brakar man in genom ytterdörren och kommer fram till en intet ont anande partner och säger: ”Du anar inte vilken hemsk dag jag haft idag...” Det är oftast inte så att man frågar sin partner om han eller hon har tid och lust att lyssna. Därför brukar ett av tre olika scenarion utspela sig: I det första lyssnar partnern och allt är frid och fröjd. I det andra ”halvlyssnar” partnern och det kan bli en okej, men någorlunda tryckt stämning resten av kvällen. I det tredje scenariot lyssnar inte partnern som man önskat och stämningen kan bli spänd och otrevlig resten av kvällen.

Tjugo-sekunder-vid-dörren-övningen kan motverka denna obehagliga situation och är också i övrigt bra på flera sätt. Den är bland annat enkel och snabb att utföra och brukar ge omedelbara effekter. För att den ska få långvarigt positiva konsekvenser är det bra om du upprepar den minst 20–30 dagar i sträck. Då blir den en vana och lättare att upprätthålla automatiskt eller vid behov i framtiden. Gör så här:

1. Innan du går in genom ytterdörren, stanna upp och dra några djupa andetag så att du kommer ner i varv.
2. Tänk nu på något som gör dig riktigt glad. Det kan vara vad som helst – exempelvis när du lyckades med en svår uppgift och fick beröm, när du fick ditt första barn eller när du gifte dig. Om du inte kommer

på något från verkliga livet som gör dig riktigt glad går det förstås lika bra att fantisera om något.
3. När du känner dig riktigt glad, öppna dörren och gå in.

Vad tror du blir annorlunda om du gör så? Hur tror du att kvällen kommer att arta sig? Det kanske känns fånigt att göra detta första gången, men effekterna brukar bli påtagliga. Jag brukar förmedla den här övningen i samband med föreläsningar och flera personer som genomfört den hör av sig efteråt och berättar om dess välgörande effekter. En del berättar att de inte orkar hålla sig tills de kommer hem innan de lever sig in i glädjetankarna. Så de börjar redan när de lämnar arbetet eller på bussen på väg hem. Andra berättar att relationen till deras partner förbättrats, särskilt sedan båda börjat utföra övningen. Man kan naturligtvis också genomföra övningen på väg till arbetet eller byta ut känslan glädje mot en annan man hellre vill uppleva.

Sömn och återhämtning

Även om vi inte känner till allt om sömnens funktioner vet vi att den är avgörande för såväl hälsan och välbefinnandet som den mentala och fysiska prestationsförmågan. Sömnen är en "antistressmekanism" som bidrar till att motverka stressens nedbrytande effekter, medan stress är huvudorsaken till olika sömnstörningar. Samtidigt leder *avslutad stress* till att man faktiskt sover mer och bättre och därmed får bättre återhämtning. Detsamma sker om man sovit för lite. Kvaliteten på nästa natts sömn förbättras, mängden djupsömn ökar och sömnlängden kan förlängas.

Hur mycket återhämtning sömnen ger beror på sömnlängden och mängden djupsömn. Återhämtningen är snabbare och bättre de första timmarna man sover och blir allt sämre mot slutet. Om man sover åtta timmar ger de sista två timmarna inte så mycket återhämtning som de första sex.

Hur mycket sömn behöver man?

Ja, hur mycket sömn behöver man då egentligen? Sömnbehovet är individuellt, men generellt kan man säga att optimal sömnlängd under normala omständigheter är cirka åtta timmar. Sedan kan sömnbehovet exempelvis variera mellan olika individer, med åldern, vilken miljö man befinner sig i (i varma länder med tropiskt klimat kan sömnbehovet öka), om man är gravid eller har någon sjukdom, hur aktiv man är under dagen eller om man sover dåligt.

Sömnen är till för att återhämta slitaget som den vakna tiden medför. Hur trött man är bestäms till stor del av hur många timmar i sträck man varit vaken och hur aktiv man varit under den vakna tiden. Det kan vara lätt att tro att man kan kontrollera sin sömn, men de flesta har säkert varit med om att somna ofrivilligt. Det är nämligen så att när man börjar bli lite dåsig kan hjärnan överta kontrollen. När det homeostatiska trycket att sova blir tillräckligt högt aktiveras ett par tusen nervceller i hjärnan och initierar sömnen, vare sig man vill det eller inte. Störd sömn eller för lite sömn ökar därmed risken för trafikolyckor dramatiskt – trötta förare försätter både sitt eget och andras liv i fara.

Beprövade sömnråd – tips för bättre sömn

Här följer ett antal beprövade och vetenskapligt baserade generella sömnråd och i samband med varje råd presenteras en förklaring av dem. Man bör alltid förhålla sig kritisk till vetenskap och krydda slutsatser med sitt sunda förnuft. Därför beskriver jag i vissa fall också hur man bör förhålla sig till dessa råd på ett konstruktivt och ändamålsenligt sätt.

Men vi börjar med en övning.

Sömnmålbild

Om du har sömnproblem är det här en bra övning. En bra vana som kan förbättra sömnen är nämligen att man skapar en målbild av hur man kommer att sova på natten. Många personer oroar sig över sin sömn och skapar ofta omedvetet bilder av hur dåligt de sover och hur dåligt de kommer att sova.

En sömnmålbild tar bort fokus från stressande föreställningar och ställer in hjärnan på ett mer rogivande tillstånd. Det går snabbt att skapa en sömnmålbild och kräver ingen större insats. Du kan skapa en sömnmålbild och återkomma till den inför varje nattsömn. Sömnmålbilden kan få starkare effekt om den genomförs i samband med eller efter en avslappningsövning. Ju fler nätter du upprepar övningen, desto lättare blir det för hjärnan att förvänta sig god nattsömn.

Övningen är enkel:

Föreställ dig hur du vill sova och hur du vill vakna. Se dig själv sova djupt i din säng. Tänk dig att du sover behagligt och ohämmat som ett avslappnat barn. Se dig själv sova hela natten tills det är dags att vakna på morgonen. Föreställ dig hur du vill vakna. Tänk dig att du känner dig så pigg och utvilad som möjligt. Den goda nattens sömn har gett dig energi, entusiasm och andra välgörande känslor inför den nya dagen.

När du har genomfört din sömnmålbild tillräckligt många gånger blir den en vana – hjärnan ställer automatiskt in sig på en god och rofylld sömn. Du kommer i bästa fall att upptäcka att du börjar sova allt bättre på nätterna och vaknar mer energisk, pigg och glad på morgnarna.

Mörkt, svalt (14–18 grader) och tyst rum med bra säng

Sömnexperter brukar rekommendera att man ska ha det mörkt, tyst och svalt i sovrummet. Mörkt och tyst kan man nog köpa direkt och svalt kan man kanske förstå poängen med eftersom man behöver sänka kroppstemperaturen för att kunna somna och sova djupt. Men 14–18 grader?

I samband med mina föreläsningar brukar jag fråga hur många som har 14–18 grader i sovrummet. Oftast sträcker då enstaka personer stolt upp handen. Om det är så pass kallt i rummet är det nog bra att tänka på att ha ett varmt täcke (vilket dessa personer brukar ha). De andra åhörarna brukar ibland skruva sig på stolen när de hör att man "ska" ha det så kallt. De flesta har 19–25 grader och sover utmärkt ändå. Med andra ord säger det sunda förnuftet här att om man sover bra, behöver man inte ändra på något. Om man däremot sover dåligt kan rumstemperaturen vara en sak man kan prova att åtgärda.

Bra säng då? Om man tycker att en säng är bekväm så är den det och det behöver absolut inte vara en dyr märkessäng (även om det givetvis också kan vara det).

Undvik kaffe, te, cola, energidryck, alkohol, nikotin och choklad 6–8 timmar före sänggåendet

Här finns det en del saker du kanske reagerar emot. Till att börja med, att man ska undvika dessa drycker 6–8 timmar innan man lägger sig. Generellt sett stämmer detta, eftersom det kan ta den tiden för kroppen att bryta ner dessa ämnen som samtliga har uppvarvande och stimulerande effekt.

Kaffe (koffein) blockerar de receptorer i hjärnan som reglerar sömn och sömnighet, vilket gör att hjärnaktiviteten ökar och man blir piggare och mer alert. Den ökade aktiviteten i hjärnan tolkas som stressaktivering vilket gör att adrenalin och noradrenalin frisätts. Dessutom bidrar koffein till att hormonet dopamin frisätts. Det är bland annat kopplat till belöningssystemet i hjärnan och kan därmed ge känslor av välbefinnande eller ett mildare ”rus”.

Vissa kanske invänder att de alltid tar en kopp kaffe innan de går och lägger sig och sover utmärkt på det. Då kan det vara en god idé att fortsätta med det. Den rogivande så kallade betingningseffekten som kaffet då medför är förmodligen mycket starkare än den uppiggande farmakologiska effekten. Betingning innebär nämligen att kroppen lär sig att koppla ihop ett visst stimulus (exempelvis kaffe) med en viss respons (exempelvis avslappning och ro). Om man är van att dricka kaffe inför sänggåendet och slutar göra det kan man få abstinens (ofta i form av huvudvärk), vilket i sig stör sömnen. Å andra sidan bör man vara medveten om att kaffe före sänggåendet kan försvåra inträdet i djupsömnen och därmed försämra sömnkvaliteten. På så vis kanske man inte känner sig helt utvilad när man vaknar, vilket man i och för sig kan kompensera med en kopp kaffe på morgonen.

Kaffe och andra uppiggande drycker kan vara problematiska eftersom stor konsumtion avsevärt kan störa sömnen. Många som söker hjälp för sömnproblem får inte frågan om hur mycket kaffe och andra stimulantia som de konsumerar utan får sömnmedel direkt. Det är inte ovanligt att vissa dricker ungefär 10–20 koppar per dag och en minskning till 4–6 koppar kan bidra till avsevärt bättre sömn. Om man sover dåligt kan det därför vara värt att se över sitt intag av stimulantia.

Alkohol då? Alla vet ju att man kan bli pömsig av ett glas vin. Alkohol kan visserligen framkalla sömnighet men försämrar sömnkvaliteten (man sover ytligare). Dessutom vaknar man lätt mitt i natten när alkoholens rogivande effekt avtagit.

Om du är hungrig – ät något lätt

Hunger gör nämligen att man får ett instinktivt behov att söka efter föda, vilket gör att stresshormonerna adrenalin och noradrenalin frisätts och vi blir pigga och vakna. Om man ändå lyckas somna är det vanligt att man vaknar mitt i natten och känner en gruvlig hunger.

Regelbundna sovtider

Hjärnan älskar regelbundenhet så att den kan anpassa sig till framtiden i god tid. Om man har regelbundna tider vet hjärnan vad den har att vänta sig vid en viss tid och varvar ner lagom till sänggåendet. Regelbundna sovtider bidrar bland annat till att det sömnstimulerande hormonet melatonin börjar öka i kroppen ungefär två timmar före den tid man vanligtvis går och lägger sig. På så vis ökar automatiskt sömnighet och trötthet så att man lagom till läggdags får lättare att somna.

Dagsljus på morgonen

Det är inte lätt att få dagsljus på morgonen under vinterhalvåret här i Norden. Då kan det vara bra att försöka vistas utomhus på dagen. Mängden dagsljus påverkar nämligen den cirkadianska rytmen, som reglerar sömn och vakenhet.

Fysisk aktivitet (lågintensiv motion), gärna varje dag

Fysisk inaktivitet har en klar koppling till störd sömn och fysisk aktivitet har ett starkt samband med god sömn.

Det kanske inte är så svårt att föreställa sig att man sover dåligt om man inte rör på sig. Det har säkert hänt att du själv varit passiv en hel dag, kanske bara suttit framför tv:n. Hur brukar du sova efter en sådan dag? Förmodligen inte särskilt bra. Tänk då på många långtidssjukskrivna och äldre som ofta, kanske dagligen är mycket passiviserade. Det är inte konstigt att de sover dåligt.

Fysisk aktivitet behöver inte vara något dramatiskt. Det kan mycket väl handla om något så enkelt som en promenad eller en joggingtur. Aktiviteten ska emellertid helst vara avslutad minst två timmar innan man går och lägger sig så att man hinner varva ner.

Ta tupplurar enbart vid behov och undvik att sova för länge

Det råder delade meningar kring om man ska ta tupplurar eller ej. En tupplur verkar nämligen vara så pass effektiv att den kan motsvara ungefär 1,5–2 timmars nattsömn i återhämtningsvärde. Eftersom man bara har ett visst, begränsat sömnbehov kan tuppluren försämra kvaliteten på kommande natts sömn om man redan sover bra. Dessutom kan en sen tupplur (efter klockan 15) göra att det blir svårare att somna på kvällen. Det kanske inte spelar så stor roll om man redan sover bra, men det händer att jag blir kontaktad av personer som besväras av att de sover dåligt. När de slutar med tupplurar börjar de plötsligt sova bra. Av samma anledning ska man inte sova för länge – om man sover mer än man behöver försämras nästa natts sömn. Å andra sidan kan man behöva ta hänsyn till att sömnbehovet varierar över tid. Man kan ha ökat sömnbehov när man exempelvis är gravid, sjuk eller befinner sig i en varm, tropisk miljö. Om man har ett ökat sömnbehov kan en tupplur på 20–30 minuter vara på sin plats och främja återhämtningen, samt kompensera sömnbrist. Om man sover mer än 20–30 minuter brukar det vanligtvis ta längre tid att piggna till och man är groggy längre.

Det finns också studier som antyder att regelbundna tupplurar avsevärt minskar risken att dö av hjärt-kärlsjukdomar och att de främjar minne och inlärning. På så vis verkar tupplurar vara bra för hälsan och prestationen. Min slutsats är därför att tupplurar med fördel kan användas vid behov, men om man inte har ökat sömnbehov gör de förmodligen marginell nytta.

Nedvarvningstid före sänggåendet

Det tar cirka två timmar för hjärnan att varva ner och nedvarvningen är ett led i att förbereda hjärnan på att man snart ska sova. Nedvarvning är kanske en av de viktigaste förutsättningarna för god sömn, inte minst för att bristande nedvarvning är en av de vanligaste anledningarna till att man har svårt att somna. Det är särskilt viktigt att lära barn att varva ner så att de får goda sömnvanor i framtiden.

Jag blir ofta tillfrågad om hur man ska göra med barn som har svårt att sova. När jag frågar föräldrarna hur en normal kväll ser ut och vad barnen gör innan de går och lägger sig berättar de att de kanske spelar datorspel, chattar eller gör något annat med hög intensitet. De säger att barnen vet att det är läggdags vid exempelvis halv tio. Men när de går och lägger sig har de svårt att sova. Det är inte så konstigt. Du kanske själv har testat att vara aktiv precis före sänggåendet, kanske studerat inför en tenta eller läst något inför nästa arbetsdag. Ofta ligger all information och snurrar runt i huvudet och det blir inte så lätt att somna.

Precis det händer med barnen också och eftersom det tar cirka två timmar för hjärnan att varva ner är det bra att minska aktivitetsnivån i god tid. Istället för uppvarvande aktiviteter kan det vara mer fruktbart att läsa en saga eller göra något annat lågintensivt inför läggdags. God sömn underlättas hos både barn och vuxna om sömnen förknippas med något trevligt. Därför är nedvarvning och lugna, rogivande aktiviteter inför sänggåendet ett bra sätt att skapa goda sömnvanor både nu och i framtiden. Ett ypperligt sätt att varva ner är att utföra en andningsövning eller avslappningsövning inför sänggåendet (eller kanske i sängen om man skulle råka somna). När man andas långsammare och slappnar av sjunker kroppstemperaturen, vilket är en förutsättning för att man ska kunna somna och få god sömnkvalitet.

Ritualer kring sänggåendet

Ritualer kan också vara ett led i att förbereda hjärnan på att det är dags att varva ner inför sömnen. Klassiska ritualer är att borsta tänderna och ta på pyjamasen. Andra ritualer skulle kunna vara att man före tandborstningen tar en nattmacka och te, lyssnar på musik eller liknande.

Ta ett varmt bad någon timme före sänggåendet

När man läser detta råd kanske vän av ordning vaknar och tänker: Varför varmt bad? Man skulle ju sänka kroppstemperaturen. Jo, ett varmt bad stimulerar bland annat frisättningen av hormonet oxytocin som kan medföra att man känner sig avslappnad och lugn. Ett varmt bad höjer också kroppstemperaturen, vilket vidgar blodkärlen. När man sedan kliver ur badkaret och svalnar av sjunker kroppstemperaturen snabbare och man blir sömnig.

Att-göra-lista, eller minneslista, före sömn, men även vid uppvaknanden

En av de vanligaste anledningarna till störd sömn är att man oroar sig för morgondagen och därför inte kan sova eller vaknar mitt i natten. Då kan det vara en fördel att ha ett block och en penna vid sängkanten så att man kan skriva upp allt man ”måste” komma ihåg under morgondagen. Annars måste man aktivera hjärnan för att försöka memorera allt och oroa sig för att man kanske glömmer något.

Undvik långvarig användning av sömnmedel

Långvarig användning av sömnmedel kan bli beroendeframkallande. Dessutom kan man utveckla tolerans, vilket innebär att man successivt behöver öka dosen för att uppnå samma effekt. Vissa preparat kan också påverka sömnkvaliteten negativt och man kan bli ganska slö dagen efter. Många äldre knaprar regelmässigt sömnmedel för att de har sömnproblem. En vanlig anledning till problemen är att de är väldigt fysiskt inaktiva och därmed har ett minskat sömnbehov. Då kanske det är mer ändamålsenligt att "medicinera" med fysisk aktivitet istället för att skapa ett beroende av sömnmedel. Eftersom äldre ofta tar flera mediciner kan sömnsvårigheterna också vara en biverkan av någon av dessa.

Av dessa och andra skäl är det viktigt att en grundlig utredning genomförs innan man börjar med sömnmedel. Dessutom finns det metoder, exempelvis kognitiv beteendeterapi (sömnträning), som visat sig vara mycket effektivare än sömnmedel för att uppnå god sömnkvalitet på lång sikt.

Gå inte till sängs utan att vara sömnig

Detta är den goda sömnens grundregel nummer ett! Det är oerhört viktigt att hjärnan lär sig förknippa sömnen med något trevligt och om man går och lägger sig utan att vara tillräckligt sömnig blir det lätt så att sömnen börjar förknippas med obehagskänslor. Att ligga i sängen sömnlös brukar kunna aktivera stressande tankar av alla de slag, vilket inte direkt främjar god sömn.

Om du inte kan sova kan du till att börja med ligga kvar i sängen cirka tjugo minuter. Du behöver inte titta på klockan om det är stressande, gå då istället på känslan att det har gått cirka tjugo minuter. Om du inte somnat efter den tiden kan det vara bra att gå upp och göra något annat lågintensivt eller *monotont* tills du blir sömnig.

Ett bra tips är att ha tråkigt. Läs gärna en gammal årsredovisning, lös korsord eller genomför en avslappningsövning eller liknande. Det är bara fantasin som sätter gränser här och det kan vara bra att experimentera för att finna ett sätt som passar just dig bra. I samband med en föreläsning jag höll reste sig en man som hade ett bra tips som han gärna delade med sig av. Han berättade att när han hade svårt att sova brukade han stiga upp, klä sig i kostym och lägga sig på soffan i vardagsrummet. Då somnade han direkt.

Sömnen kommer alltid ikapp

Slutligen vill jag säga att man kan vara lugn om det är så att man missar en eller några nätters sömn. Man kompenserar nämligen sömnbristen genom att sova djupare eller "bättre" när man väl somnar. På så vis sover man på kortare tid ikapp förlorad sömn. Exempelvis kan en natts förlorad sömn sovas ikapp och återhämtas under nästföljande natt (utan att man sover fler timmar).

Många oroar sig för att de inte kan sova eller sover dåligt. Jag hoppas att det kommer att lugna dem något att veta att sömnen är en reflex och förr eller senare kommer man alltid att somna. Det är oundvikligt. De cirkadianska rytmerna, som reglerar sömn och vakenhet, gör nämligen att ju längre man är vaken, desto tröttare blir man.

Jag har mött personer som berättar att de inte sovit på femton tjugo år. Det är inte möjligt eftersom man brukar dö efter två tre veckors total sömnbrist. Däremot är det säkert så att de har sovit *dåligt* i femton tjugo år. Du kanske själv vet hur det kan vara om du vaknat fem, tio eller tjugo gånger under en natt och varit medveten om det. Då kan det kännas som om du inte sovit alls. Men faktum är att du har sovit, men att du förmodligen har sovit mycket lätt. Den lättare sömnen (sömnstadium 1 och 2) ger en viss återhämtning, även om den inte är lika bra som djupsömnens (stadium 3 och 4) återhämtning. Det betyder att man delvis kan kompensera sömnbrist eller dålig sömn med att man sover något längre och kanske tar en tupplur på eftermiddagen.

Paradoxalt nog är att medvetet sova mindre en vanlig och ganska effektiv metod (som ofta är en av flera åtgärder) när man behandlar sömnproblem. Genom att inte sova ökar drivkraften till att just sova. På så vis börjar sömnkvaliteten förbättras – man sover bättre på kortare tid. Sakta men säkert kan man sedan utöka sömnens längd etappvis tills man får en normal sömnlängd igen.

Avslutningsvis kommer här en kraftfull övning som hjälper dig att varva ner.

Ögonrelax

Visste du att dina ögon kan hjälpa dig att slappna av genom att röra på sig på ett visst sätt? Ögonrörelser kan faktiskt användas för att påverka sinnesstämningen. Ögonrelax är en spännande övning som kan ge dig en skön avslappning på några minuter. Sätt av fem minuter och ge den här övningen din fulla uppmärksamhet för bästa resultat. Ett plus med ögonrelax är att man samtidigt på ett milt sätt tränar upp ögonmuskulaturen.

1. Sitt i en avslappnad position.
2. Långsamt och lätt, rör dina ögon uppåt mot taket så långt det går, och sedan ner mot golvet så långt det går. Stanna upp för ett kort ögonblick vid varje vändläge. Upprepa sedan denna ögonrörelse, långsamt, mjukt och lätt tio gånger. När du är färdig, titta bara rakt fram.
3. Nu kan du långsamt och lätt röra dina ögon hela vägen till vänster, så långt det går, och sedan till höger. Upprepa denna rörelse långsamt, lätt och mjukt tio gånger, och stanna upp ett ögonblick vid varje vändläge. När du är klar kan du föra ögonen mot mitten igen och titta rakt fram.
4. Nu kan du långsamt föra ögonen upp mot det övre vänstra hörnet, så långt det går, och sedan diagonalt, långsamt och mjukt ner mot det nedre högra hörnet, så långt det går. Återigen, stanna till ett kort ögonblick vid varje vändläge. Fortsätt mjukt och långsamt fram och tillbaka tio gånger.

5. Upprepa denna rörelse tio gånger för den andra diagonalen, så långt upp till höger som möjligt och så långt ner till vänster som möjligt. Stanna till ett kort ögonblick vid varje vändläge. Kom ihåg att andas och rör hela tiden ögonen mjukt och långsamt. Titta sedan rakt fram.

6. Nu kan du mjukt och lätt börja röra ögonen mot taket igen, och sedan fortsätta röra ögonen i en långsam cirkel, först åt höger, sedan ner mot golvet, upp mot vänster och slutligen upp mot taket igen. Håll en stadig, mjuk och långsam rörelse, och kom ihåg att fortsätta andas. Fortsätt nu med rörelsen tills du har skapat tio mjuka cirklar, och för mjukt tillbaka ögonen mot mitten.

7. Slutligen kan du föra ögonen upp mot taket igen. Låt nu ögonen mjukt och lätt börja skapa cirklar i den andra riktningen, först ner mot vänster, sedan ner mot golvet, upp mot höger och vidare mot taket igen. Fortsätt rörelsen tills du har skapat tio cirklar.

8. När du är klar, för ögonen mot mitten igen, titta rakt fram och andas ut...

Den här övningen kan användas i grupp för att till exempel inleda arbetsdagen eller som en skön och uppfräschande början på fikapausen eller eftermiddagsmötet. Det blir en bra stämningsskapande aktivitet för gruppen och försätter dig och kollegerna i en god sinnesstämning för ett trevligt och givande möte.

Konsten att leva

Det är en konst att leva. Det är något vi sällan reflekterar över och kanske till och med förringar. Vi lär oss hela tiden, men stannar sällan till och tänker hur, av vilken anledning och varför vi gör något. Vi lever ofta på ett väldigt ytligt plan – vi konstaterar fakta utan att försöka förstå sambanden mer ingående. Det är svårt att ta lärdom utan förståelse.

Allt förändras, allt är föränderligt. Dagen blir till natt, cellerna i vår kropp byts ut, årstiderna växlar och tiden går. Också människan förändras i sin natur, men någonstans kommer hennes mentala apparat in i bilden. Hjärnan är kaptenen som styr henne i både med- och motvind. Hjärnans inlärda vanemönster kan ibland vara det tyngsta ankaret när kaptenen ska styra. Hur kommer det sig att det är så? Hjärnan kör visserligen enligt ett sjökort, men det är ofta ett gammalt sjökort, ett sjökort som inte förnyas, ett sjökort som inte förändras. Ett sjökort är visserligen en fin och givande bild över verkligheten, men det förändras inte av sig självt, och beskriver endast havet topografiskt. De uppgifter som tillkommer till sjökortet är de kaptenen själv ser och upplever. Kaptenens erfarenheter och kunskaper om sig själv och havet är det som för båten i hamn.

Vissa kaptener når aldrig någon hamn utan är ute på havet hela livet. De åker i samma riktning och förändras inte. Åtminstone inte på det sätt som krävs av dem för att de ska kunna nå sitt mål. ”Mållösa” åker de runt i olika stora cirklar... Kaptenerna bestämmer allt. Efter tillräckligt lång tid ute på havet blir man antingen riktigt blöt om baken av all fukt eller också kan man hitta en varm och skön hytt på båten. Många kaptener stannar i sina hytter efter många år ute på havet och fortsätter att styra sina båtar därifrån. De går inte ut längre – de vet hur det är där ute. De lever på minnen från det förflutna, på sin vana – förändringarna har blivit inlärda vanemönster istället för en naturlig process. De bryr sig inte ens längre om att se efter om land är i sikte.

Men hur skapas då den motivation som krävs för att utvecklas gränslöst? Hur skapas entusiasmen och varifrån kommer drivkraften? Jag hoppas att den här boken har visat att bland annat väldefinierade mål, återhämtning, sunt förhållningssätt och reflektion är några viktiga ingredienser i detta. Man behöver en genuin vilja att utvecklas och göra gott och man måste behandla sig själv *och* andra väl. Goda handlingar (gentemot sig själv *och* andra) är en mycket effektiv strategi för att bli gladare i livet. Kunskap är också viktig för ett djupt engagemang, som i sin tur kan öka känslan av meningsfullhet i livet. Tankar är viktiga, men handlingar är avgörande för ett bättre liv. Istället för att försöka förstå problem och göra något åt dem, ägnar många sin kraft åt (bort)förklaringar och destruktiva företeelser som katastroftankar och pessimism. Så gör och uppmärksamma goda handlingar varje dag. Se livets motgångar som något som kan göra dig starkare och klokare på sikt. Utveckla dina sociala färdigheter och ta hand om dig själv och andra. Se varje dag som ett unikt tillfälle att bli mer av den människa du är ämnad att vara och var tacksam för det du har. Se varje dag som ett tillfälle att använda de resurser du har för att bli en bättre människa!